乡村振兴丛书

《金华故事》编委会 ○ 编

金华故事
——乡村思政

企业管理出版社
ENTERPRISE MANAGEMENT PUBLISHING HOUSE

图书在版编目（CIP）数据

金华故事：乡村思政 /《金华故事》编委会编. --北京：企业管理出版社, 2022.1
ISBN 978-7-5164-2439-1

Ⅰ. ①金… Ⅱ. ①金… Ⅲ. ①地方史—金华—通俗读物 Ⅳ. ①K295.53-49

中国版本图书馆CIP数据核字(2021)第152839号

书　　名	金华故事——乡村思政
书　　号	ISBN 978-7-5164-2439-1
作　　者	《金华故事》编委会
责任编辑	尤　颖　田　天
出版发行	企业管理出版社
经　　销	新华书店
地　　址	北京市海淀区紫竹院南路17号　　邮　编：100048
网　　址	http://www.emph.cn　　电子信箱：emph001@163.com
电　　话	编辑部（010）68701638　　发行部（010）68701816
印　　刷	北京博海升彩色印刷有限公司
版　　次	2022年1月第1版
印　　次	2022年1月第1次印刷
开　　本	787mm×1092mm　　1/16
印　　张	16.75印张
字　　数	235千字
定　　价	78.00元

版权所有　翻印必究·印装有误　负责调换

《金华故事》

编委会

主　编：潘淑贞

副主编：刘　鑫

　　　　吕蔚起

　　　　陈秋兰

前 言

  中华文化源远流长，灿烂辉煌。五千多年文明孕育的中华文化，积淀了中华民族最深沉的精神追求，代表着中华民族独特的精神标识，使中华民族生生不息、发展壮大，是中国特色社会主义植根的沃土。在这片广袤的土地上流传着众多的故事，而这些故事都是中国之魂、文化之根，他们体现了数千年来中国人民追求幸福生活、尊重自然规律而形成的一套乡村内在道德约束和行为规范。因此，我们应该要重新解读这些故事，品味这些故事里所反映的人文精神及中国人不屈不挠的奋斗精神。从广袤的土地上寻找最原汁原味的中国故事，挖掘中国最深沉的文化，保护和发扬中国文化传统，让这些故事在新时代发挥价值导向作用。

  在中共中央办公厅、国务院办公厅印发的《关于实施中华优秀传统文化传承发展工程的意见》的指引下，《金华故事——乡村思政》编委会率先响应这一指示精神，着手筹办《金华故事——乡村思政》的编写。编委会本着传承中国传统文化，"讲好中国故事，讲好地方故事"，挖掘地方故事，在金华大地上收集遗落的故事，围绕中国特色社会主义核心价值观的理念把这些璀璨"珍珠"重新串连成篇，让这些故事在新的时代里重焕光芒。

  一方水土养一方人，一方山水有一方风情。金华八婺乃浙江省中部地区文化实力、文化情怀和文化自信的聚集地，自古名人荟萃，人杰地灵，拥有深厚的文化底蕴。金华几千年的历史和灿烂的文化以故事的形式隐藏在民间，《金华故事——乡村思政》就是八婺地方文化和民俗文化的集中表现，是一座取之不尽用之不竭的优质金矿，它通过故事的形式向人们生动而具体地展示金华特色的地域文化，我们从故事中可以领略到浙中大地的包容和博大、生机蓬勃而又丰富多彩的文化。《金华故事——乡村思政》不仅可以传播中国的优良文化传统，还可以扩大金华文化的影响力，让更多的人了解金华，弘扬和宣传金华悠久的地方历史文化。

《金华故事——乡村思政》按照社会主义核心价值观三个层次来进行分篇。一是国家篇——富强、民主、文明、和谐。我们把故事中以追求国家富强、民主、文明、和谐为主题的内容全都归到一篇，宗旨是反映中华民族自强不息、奋斗不已的精神。二是社会篇——自由、平等、公正、法治。故事主题与此相关的内容归为一篇，故事体现了中国人民数千年来为追求社会安定、地方发展、依法治国而做出的努力和探索。三是个人篇——爱国、敬业、诚信、友善。该篇体现了中国民众追求幸福生活、艰苦奋斗、勇敢拼搏的优秀品质和价值理念。本书采用的所有故事都来自当地，在确定采用前编委会都进行过收集与整理，以尽量保证故事来源和内容的可靠性。

村落有厚度，文化有广度，故事有深度。故事所反映的文化深度正表现于流传的广泛性上，其精神承载和影响的深与浅则体现了社会发展和经济文化交流的程度。《金华故事——乡村思政》的每个小故事都承载着金华的每个点、每条线、每个面，体现了金华的历史发展与演变，展现了地方文化繁衍不息、代代相传的文脉。无论是事迹还是传说，都是文化之魂！讲好金华故事，做好金华传承！

《金华故事》编委会

目 录

■ 国家篇 ■

不计前嫌沈太守　　　金东区傅村镇山头下村　3

忠正耿直舒元舆　　　兰溪垷坦村　7

为官一任，造福一方的胡则　　　永康胡库村　12

抗金英雄梅执礼　　　兰溪梅江镇梅街头村　16

不攀附权贵的潘良贵　　　金华婺城区古子城　20

朱熹三访香溪先生范浚　　　兰溪香溪镇　24

做下好事传千年　　　磐安榉溪村　28

开仓放粮，两官"争死"　　　金华塘雅前蒋下仓村　32

郑浔誓死护印符　　　浦江县郑宅镇　36

刚正不阿的邵玘　　　兰溪女埠街道焦石村　39

"道德楷模"章懋　　　兰溪女埠渡渎村　43

剽悍忠勇的"义乌兵"　　　义乌佛堂镇倍磊村　47

朱大典殉难八咏楼　　　金华长山村　51

西杨山背"狗太公"　　　汤溪县西杨山背村　54

吴绛雪舍生保永康　　　永康后塘弄村　58

"甘露流芳"励后人　　　汤溪东祝乡下伊村　62

不为良相，便为良医	兰溪诸葛八卦村	65
蒋六山侠胆义行	兰溪水阁村	68
施复亮强国之梦永不息	源东乡东叶村	72
"建国老太太"黄乃耐	澧浦镇里郑村	76
真理的味道有点甜	义乌市分水塘村	80

■ 社会篇 ■

卢文台白沙筑堰	金华沙畈乡亭久村	85
毛陈师擒魔安民	义乌赤岸镇神坛村	89
许逊游历助茶农	磐安县马塘村	92
双龙窃水救灾民	金华洞前村	97
玉女小鹿绘和谐	金华鹿田村	101
达摩渡磬救众生	义乌佛堂古镇	105
汤氏育林迎鹤归	武义县岭下汤村	109
砻糠搏天安家园	武义白洋渡社区	112
黄大仙斗牛伏虎	雅畈镇小窑上村	115
莫县令廉仁护民	浦江仙华村	118
羊氏炼火祈平顺	磐安县大皿村	122
石洞思想励后学	东阳郭宅村	126
丹溪翁身言医道	义乌赤岸镇	131
三八公慷慨捐外财	永康市芝英镇	135
"南包公"断案扬正气	武义县王宅镇马府下村	139
李渔《祠约》正乡风	兰溪市夏李村	143
韩宗纲造福于民	武义柳城畲族镇	147

太公借牛明村规	金东乡王宅埠村	150
"寡妇桥"的传说	金东塘雅大溪口村	153
兄弟情深惠后人	兰溪市东山项村	156
粟裕与民共迎灯	金华市银坑村	160
神民同心共筑路	磐安尖山镇榧里村	165

■ 个人篇 ■

义乌的由来	义乌城西	171
贞姑的传说	婺城汤溪镇贞姑山村	174
斯村地名的来历	东阳斯村	177
宋濂求学	金东区傅村镇上柳家村	180
节义村的由来	婺城汤溪镇节义村	183
各让半丘又何妨	永康市八字墙村	186
陈亮与"状元蛙"	永康龙山镇桥下村	190
吕祖谦和"小邹鲁"	武义白洋街道下陈村	194
金履祥不言而信	兰溪黄店镇桐山后金村	198
银娘智了"御鹤案"	婺城汤溪镇岩下村	202
许弘纲坐上横头	东阳画水镇紫薇山村	205
胡森吃字劝家和	婺城汤溪镇胡碓村	209
"亲家村"里话亲家	永康方岩镇文楼村	213
一箭六十石	婺城洋阜镇湖前村	217
"金华佛手"救娘亲	婺城罗店镇西吴村	221
唐仁成才哺乡邻	兰溪市黄店镇三泉村	225
拾金不昧还金亭	义乌桥头村	229

目录

阿婆捐资"楼店井" 永康市高镇村 232

永思堂的来历 金东澧浦镇琐园村 236

庐山廿一相 兰溪市黄店镇余粮山村 239

朱秋魁智夺武状元 婺城秋滨镇朱基头村 242

永和桥上兄弟和 磐安安文镇东川村 246

智勇双全杨民经 金东区傅村镇 250

后记 255

「金华故事」

国家篇

"富强、民主、文明、和谐"是国家层面对社会主义核心价值观的总凝练，它既体现了中华民族和中国人民的整体利益，也反映了每一个中华儿女对祖国未来的共同期盼和梦想。这种富国梦、强国梦不是空洞的理论和口号，而是实实在在的行为和表现。

本篇收集了从古至今历代先行者们的英雄事迹，他们身体力行地维护国家的富强和独立，保障千万百姓的幸福和安康，为强国富民而努力。社会主义核心价值观正是对这片土地上一代代中国人勇敢追求的诠释和继承，寄托和凝聚了中国人几千年来美好的愿望。

村落简介

金东区傅村镇山头下村

山头下村文化礼堂

　　金东区傅村镇山头下村坐落在金华和义乌交界处，杭金公路南面，潜溪东侧。整个村落建造在一个名叫"蝴蝶形"的小山坡上。山头下为"一代词宗"、梁时尚书令沈约后裔的聚居地。明景泰七年，沈约第31代世孙由德清迁居山头下。沈约第36代世孙沈文杰为5个儿子造了5座厅堂住宅，使该建筑群具备了整体的格局。以后的建筑就依此而发展。该建筑群至今还有保存完好的明清古民居22幢，民间仿西洋民居4幢，其中绝大多数是清代建筑。除规模宏大的民居群外，村东南有一棵古樟，村西有一座建于清道光二十三年的三孔石梁桥，村南有一座宗祠及建于清道光二十五年的本保庙，都保存完好。

不计前嫌沈太守

【宽容大度、勇于担当】

沈约（441—513年），字休文，吴兴郡武康人（今浙江湖州德清），他于494—496年在东阳郡（即今金华）任太守。沈约在金华任职期间勤政廉洁，造福一方，于齐隆昌元年（494年）建造了元畅楼，从唐代起，元畅楼改名为"八咏楼"，而"八咏楼"因沈约创作"元畅八咏"诗而得来。

沈约出身于门阀士族家庭，祖父沈林子，是南朝宋征虏将军。父亲沈璞，宋淮南太守。沈约左眼有两个瞳孔，腰上有颗紫色的痣，从小聪明过人。元嘉三十年（453年），他父亲被朝廷诛杀。当时沈约年纪还小，偷偷跑掉后四处流浪。后来赶上朝廷大赦天下，才免于流亡。

古子成街道

失去父亲的沈约与母亲相依为命，生活困苦。生活实在过不去时，他只好向族人求助。而同族人忌妒沈约曾经的家世，看到他如今过上艰辛生活，想要羞辱他。族人从家里盛了一碗米，然后叫沈约把衣服掀起来，要把米放在沈约的怀里。沈约气得把米全部打翻在地上，说："我不是来要饭的！"他幽幽地看着那些族人，心里发誓：有朝一日一定要东山再起。

山头下村弄堂一角

  沈约发奋图强，努力学习。沈母担心他用功过度，经常把油灯里的油少放些好让他早些睡觉。沈约记性好，领悟力强。他白天读的书，晚上就能背下来，因此对不少典籍都很熟悉，且能写一手漂亮的文章。后来，沈约果然富贵显赫，曾经欺侮过他的族人很担心，纷纷到沈约家来赔礼道歉。但沈约却哈哈大笑："过去的事都已经过去了。我们是同宗同族的人，一家人哪能有什么隔夜仇呢？"说得那些族人羞愧至极。

  沈约非但没有计较，反而担负起族中大任，照顾族中老幼，资助族里那些穷困子弟，供他们读书。他的宽容大度、不计前嫌和对族人的担当精神得到当地人的高度赞扬，都夸他"丞相肚里可撑船"。

  沈约刚入仕时曾担任过奉朝请（南北朝时较为闲散官员）一职，济阳蔡兴宗听说他很有才华，很看重他。后来，蔡兴宗担任郢州刺史后，就任命沈约当安西外兵参军，兼任记室。蔡兴宗曾对他的几个儿子说："沈约这个人很有才华，他的文才和品德都可以作为你们的榜样，你们要好好地待他，向他学习！"

【金华故事】

沈约后裔最早于1195年迁到金华孝善里，现散居于义乌上溪镇沈宅村、武义八素山沈家村、金华源东沈店、金华傅村镇山头下等皆有其后裔。

（故事来源于《梁书·卷第十三·列传第七》）

沈约像

村落简介

兰溪垝坦村

垝坦村

  垝坦村位于兰溪市西北,白露山之东麓,因临坦达源,以水为名,故称坦达,村落四面群山环抱,随势坐落,西高东低,小桥流水,弄巷纵横交错,呈"山列八卦、水曲九宫"之状。清嘉庆间改名为垝坦。垝坦村坐西朝东,四面环山,两条小溪从村中穿过,在村口汇合。垝坦村建村1000多年,历史悠久,名人辈出。唐朝丞相舒元舆就出生在此地,是舒姓的聚集地;北宋时期,孙姓从雒阳迁入垝坦;南宋忠良大理寺卿周三畏因逃避秦桧陷害在此隐居,由此成为周三畏后裔的集聚地和兰溪周姓的发源地,周氏至今已传36代。现在村中70%的村民为周氏后人,周姓为全村第一大姓;抗日战争期间,日寇来村扫荡,因地形复杂未敢进村,随后周边村民来此避难,住满全村,商人沿地设摊,门庭若市,成为一方世外桃源。

忠正耿直舒元舆

【凛然正气、赤胆忠心】

舒元舆（791—835年），字升远，唐东阳郡（今浙江金华）兰溪纯孝乡人（砚坦村），唐代文学家。他和他的三个弟弟都是进士，故称一门"四进士"，戏曲舞台上多有演绎。

周氏祠堂

元和八年（813年），经过十多年寒窗苦读的舒元舆参加进士科考并成为进士，看见考场上的考官监管特别苛刻，他们让每个考生自带水、木炭、蜡烛和餐具，考场周围用荆棘围住，等考官点到名字后，考生一个个才能进去，而且考生的位子就铺在屋檐下面。舒元舆就此上奏朝廷："自古以来被选拔的人才没有比这更受轻视的！我们的宰相公卿都是从这些考生中选拔出来的，但考官却用对待奴仆的方式来对待这些考生，这实在不是'礼贤下士'的做法。把他们的位子用荆棘围住以此来防止他们

做弊，这也不符合选拔忠诚、正直人才的方式。写诗作赋、标注经传固然是一种才能，但这并不是主要的。我们无法依此来判断此人是否真正具有'德'，是否具有礼制教化的水平和能力。我担心真正有才有德的人会因不愿被羞辱而不来参加考试，结果那些并不贤的人反而被皇上任用了。您看，现在进贡的各类珍珠宝贝、黄金美玉等，有关部门的官员都会用精美的盒子来盛放，轻拿轻放，小心翼翼的，可是那些考官们却怎么如此怠慢贤人呢，这岂不是明显的轻人重物么？"

舒元舆对录取人员的数量和能力也提出了质疑，他认为"录取人才不应限制人数，如今考生多的时候一下子就被录取30多个，少呢就只取了20来个。假使这一年有100名优秀的人才，但按规定却只能取20个，这能说是求贤么？如果说这一年德才兼备的人实际上只有屈指可数几人而已，但是按规定要招满20人，那么被误选上的人数那可就大大超出了一半，这些勉强凑数的人，也算是合乎标准的优秀人才么？"（注：唐代科举取士没有年龄限制。）

这番言论足见舒元舆胆识过人，他深得皇上赏识，被任为鄠县县尉。他在任上为官清廉、刚正，丞相裴度也很赏识他，仕途较平坦，之后一直升迁到兵部侍郎，同平章事（丞相）。

唐代后期，宦官专权，唐文宗李昂对此也很无奈。宰相李训、王涯、舒元舆与凤翔节度使郑注等，密谋铲除仇士良等宦官的势力。经过一番策划，他们联络了禁卫将军韩约，决定动手铲除。

八三五年十一月的某天，唐文宗上朝时，韩约上殿启奏说，禁卫军大厅后院的一棵石榴树上，昨天夜里降了甘露。在当时，天降甘露被认为是好兆头。李训当即带领文武百官向文宗庆贺，还请唐文宗亲自到后院观赏甘露。

唐文宗令宰相李训先去察看。李训假装到院子里兜了一圈，回来奏说："臣已看了一下，恐怕不是真的甘露，还请陛下派人再去查看。"

唐文宗又令仇士良带领宦官去查看情况。仇士良叫韩约陪同前去。谁知韩

金华故事

约走到门边，神情紧张，脸色发白，头上直冒汗。这时已是秋末冬初时节，天气有点冷，仇士良觉得很奇怪，问道："韩将军，您怎么啦？"正说着，一阵风吹过，掀动了门边挂的布幕。仇士良发现布幕里埋伏了不少手拿明晃晃武器的士兵。仇士良大吃一惊，连忙退出，奔回唐文宗那里。

李训看到仇士良逃走，立刻命令埋伏的士兵赶上去，连声大喊："邻宁、太原的士兵，快快上殿保驾，有功的，每人赏钱1000贯！"士兵们听后，纷纷手持武器上殿。哪知仇士良和宦官们已经把文宗抢在手里，塞进软轿，抬起就走。李训赶上去，拉住文宗的轿子不放。舒元舆等人正要上去帮忙，其他宦官们已扯住他们的衣服，就在双方抢夺之际，400名士兵已经来到殿上，他们挥舞刀剑向宦官砍去。顷刻间，十几个宦官倒在血泊中。

此时，仇士良挣脱开李训，领着其他宦官飞快地把文宗用软轿抬进了后殿。李训再次追来，被一个宦官拦住，当胸一拳，将其打倒在地。仇士良趁机抬着文宗，逃进内宫。

李训等人看计划失败，只好从身边一个小吏身上讨要了一件便衣，化装逃走。缓过劲来的仇士良立马派兵出宫，大规模逮捕李训同党。李训在路上被宦官所杀。郑注从凤翔带兵进京，听到计划失败的消息，欲退回凤翔，也被随行的宦官所杀。舒元舆也换了衣服，匆忙从

乘仙殿

殿里逃出，骑马欲从长安南门出去，在安化门时被禁兵抓住，被一刀砍死在柳树下。

朝里受此次事变诛连被杀的官员大约有1000多人，舒元舆的几个弟弟也惨遭毒手。

舒元舆第五子普光刚好在晋陵（今常州），听到消息后更名改姓逃到睦州（今淳安富昌村）。舒元舆的长子舒昌连夜逃离长安，与舒元舆的族子舒守谦联系上，火速赶赴兰溪把不满周岁的独生子舒道纪转移到安全地方隐居下来。此次事变被称为"甘露之变"。

"甘露之变"后，唐文宗被扣在后宫。一天，他在廷内殿前观赏牡丹，想起了舒元舆，低声吟起舒元舆的《牡丹赋》，不觉叹息良久，泪盈满眶，悲痛之余，作诗悼念元舆："辇路生春草，上林花满枝，凭高何限意，无复侍臣知。"不久，唐文宗抑郁成疾，含恨而死。

唐宣宗时期，舒元舆被平反并加封显号——"乘仙公"。族子舒守谦和孙子舒道纪将其遗骨归葬于白露山麓惠安寺边上。每年清明节，唐宣宗派宫中特使赴兰溪白露山进行祭奠，以显示唐宣宗的开明及对大唐贤相的缅怀。

历史的车轮滚滚向前，百姓会记住每位忠诚正直的官员。近年来，白露山麓的百姓自发地在乘仙祠复修了舒元舆的塑像，扩建了乘仙祠，石碑上记录了他的功绩。

（故事选自《新唐书·舒元舆传》）

村落简介

永康胡库村

"为官一任，造福一方"匾

永康胡库原名库川，据《库川胡氏宗谱》载，桐麓、戈阳、柘岭、橙峰"诸山之水，皆汇于族之南流，如财入库，族人傍川而居，取名库川。"又因村民大多数姓胡，故改名为胡库。整个村庄，从北向南绵延约1千米。村口公路两旁，高大的樟木参天林立。村中心有棵枝繁叶茂的宋樟，树冠20余米，高20余米，已作为古木保护。

为官一任，造福一方的胡则

【勤政爱民、为民请命】

胡公故里

　　1959年，毛泽东视察浙江金华时，曾对当时的永康县委书记说："永康有个方岩，方岩有个胡公大帝。胡公大帝不是神，而是人。他姓胡名则，是北宋的一个清官，为人民做了很多好事，人民纪念他，所以香火长盛不衰。我们共产党的干部也应该多做好事，为官一任，造福一方嘛！"

　　胡公原名胡则（963—1039年），字子正，北宋永康胡库村人，是三朝元老（太宗、真宗、仁宗）。他为官47年，其间对百姓宽厚仁爱，革除官场各种弊病，深受百姓的爱戴。

　　北宋时社会生产力逐渐恢复，商贸活动逐渐活跃，迫切需要大量钱币。而钱币制作过程中的贪腐问题却是个顽疾，皇帝派胡公整顿此事。

胡公经过调查发现，钱荒的第一个原因是铸钱所用的铜不够。他带人进驻当时的一个铜矿。该铜矿有十几万人，既有服徭役的民工，也有在押的犯人。由于生产规划不当，管理混乱，贪官和不法之徒相互勾结，私开矿坑滥掘盗采，不但使矿产大量流失，还发生了重大塌方事故，死伤达1万多人。胡公亲临现场调查处理，惩办首恶，抚恤无辜，重新调整生产规划，健全矿厂制度，整顿组织，严肃铜矿生产纪律，使矿场面貌焕然一新，铜的产量大幅提升，为整治钱荒打下了基础。

钱荒的第二个原因便是监管官员的腐败。胡公带人进驻当时江南最大的铸钱中心。他发现虽然是夏天，但工场上炉火熊熊、热浪灼人，工匠们挥汗如雨忙前忙后，场面甚是浩大。工场监工原以为一定会得到胡公的表扬，但胡公却冷冷地说："当官的一定要爱惜民工！你这样没日没夜地让他们干，他们的身体吃得消？如果他们倒下了，那么又得要重新找人。从明天起请立即减半开工！"

胡公在巡视工场时，一位炉工偷偷地塞给他一枚铜钱。胡公回到官邸休息时翻来覆去地研究这枚铜钱，不小心铜钱掉落在地上，跌破了一角。胡公大惊："这怎么可能会碎？难道是监工私改配方，偷工减料？"胡公抓住这条线索明察暗访，顺藤摸瓜，最终查清了这位监工擅自减少铜的成色，贪污官铜6万余斤的犯罪事实。按朝廷律法，这个监工应当斩首。但鉴于该监工交代彻底，退赃积极，有悔改表现，胡公把贪污追缴的铜上交国

胡公像

库，给监工一个"留职观察"的处分，给他改过自新的机会。

胡公恩威并施，经过治理整顿，全国的铸钱量猛增。严重困扰朝廷的"钱荒"问题终于得到了缓解。

1032年，江淮大旱。当地农民颗粒无收，而朝廷还要征收各种赋税。胡公看到饿死的百姓不计其数，晚上辗转反侧难以入眠。经过一番思索，他决定连夜写奏折，要求朝廷免税，为民请命。第二天，天刚蒙蒙亮，胡公就将写好的奏折递交给朝廷，要求免除江南各地百姓的身丁钱。减免身丁税就意味着要减少朝廷的收入，这必然招致朝廷其他官员的反对。在早朝上，两派展开了激烈的争吵，胡公据理力争，认为先要保住百姓，才能有大宋长久的基业。百姓是朝廷的生存之本，没有民又哪有国家其他的税赋收入？经过一次次的据理力争，皇帝终于同意下诏永免衢、婺两州百姓的身丁钱。

衢、婺两州百姓对他感恩戴德，因此衢、婺两州村落多立有胡公祠祭祀之。每年的农历八月十三，各地百姓都赶赴方岩朝拜胡公，以期得到胡公的佑护。

（故事根据《宋史·胡则列传》改编）

村落简介

兰溪梅江镇梅街头村

梅街头村民居

梅街头村位于兰溪市梅江镇东南方向，距城区34千米，村庄坐落于黄茅山脚下，三面环山。村内自然环境十分优美，古宅、古道使该村处处透着古老的气息，素有"十里梅街"之称，老街位于村中心，南北走向，1000余米，全部用石子铺设而成，走在上面甚是需要小心，村里现有保存完好的厅堂4处，多为明清时期建造。

抗金英雄梅执礼

【民族节气、威武不屈】

梅执礼（1079—1127年），字和胜，今兰溪梅江镇梅街头村（原属浦江县）人。他出身贫寒，幼年丧父，母亲胡氏亲自教他读书。梅执礼从小就胆子大，很有魄力。20来岁的时候，他就以要奉养母亲为由，在大雪天带着自己的诗稿去拜见当地知县。诗云："有令可干难闭户，无人堪访懒趋舟。"县令看了后很喜欢，于是就聘请他给自己儿子为西席。

1106年，梅执礼考中进士，先后担任过《九域志》编修、武学博士、国子司业、中书舍人、给事中等职。后因得罪丞相王黼，被贬到滁州任知州。宋钦宗即位后，其被重新起用，先任礼部尚书，后任户部尚书。

靖康二年（1127年）正月，金兵进犯北宋，大兵压境，宋钦宗天真地以为只要自己出面去求和，就可以使金兵退兵。他不顾众大臣的阻拦，亲自去金营求和。谁知金兵把他作为人质扣留在金营，以此向朝廷勒索数千万的金银财宝。金兵扬言，只要给够钱，就可以放宋钦宗回朝。于是，梅执礼与刑部侍郎程振、给事中安扶、户部侍郎陈知质4人负责四处筹钱。可当时国库早已空空如也，到哪去筹钱？一个月后，金兵又把宋钦宗及太上皇宋徽宗废为庶人。

梅街头村

金华故事

此时，京城四壁都巡检使范琼变节，要把宋徽宗等皇室押往金营。梅执礼力争不果，回家哭着拜别母亲："皇帝受辱那是我们这些当大臣的责任啊！您说，儿子我还有什么脸面活着呢？"

梅母说："忠孝难两全！我儿你吃着皇粮、拿着国家俸禄，本就应全力报效国家，不用管我这老太婆！"

于是梅执礼将母亲托付给他的堂兄弟，自己与其他将士商议，准备夜袭敌营救回两帝。他以筹粮为名，

梅街头村一角

与将领吴革、宗室子弟赵子昉秘密联络军民，很快他们就联络了近10万名义士。

虽然朝廷交了点钱，但是金兵觉得还远远不够，还想刮尽汴梁所有的财物。梅执礼与其他筹集官私下商议：金兵贪得无厌，哪怕是咱们连家里的铜铁也算上的话，估计也无法满足他们的胃口，我们不能再去找百姓要钱了，百姓真的已经没钱了！其实，金军统帅完颜宗翰也知道咱们根本就无法完成。得了，咱们还是直接去认罪吧，至少还可以给当地百姓留有生存机会。

到了金营后，梅执礼等人说明了情况后。完颜宗翰问："你们为何不向百姓去征收呢？"

众人回答说："汴梁之百姓已经被我们刮得真没什么油水了啊！我们甘愿被你们军法处置。"

这时，平时与他们有积怨的太监却偷偷地告诉完颜宗翰："元帅，他们撒谎！城中有700万户，他们现在所拿出来的还不到百分之一。只要跟老百姓

说，'想要粮食，拿你们的钱出来换'，自然就会有出钱的人来。"当时城里已经缺粮多日，当金兵放出这一消息后，众百姓果然拿着金银来买粮食了。

完颜宗翰大怒，把梅执礼等4人大骂一通，责骂他们做事不尽心。

梅执礼说："如今，我大宋天子遇难，臣等都愿意效死，即使肝脑涂地也在所不惜，又怎会吝惜金银这些身外之物呢？只是老百姓家里现在都已经空了，更没见有什么值钱的东西，吾等实在是无法完成此项任务啊！"

完颜宗翰想治梅执礼的罪，便问："哪位是长官？"

程振、安扶担心梅执礼获罪，就上前说："我们都是。"

完颜宗翰更加生气，于是将侍御史胡舜陟，殿中侍御史胡唐老，监察御史姚舜明、王俣各打100杖，4人都被打得皮开肉绽。金人又把金银官监察御史黎确等人各抽50鞭。梅执礼等人在边上不停地为他们求情。

过了一会，完颜宗翰让他们4人先回。4人慢慢退出金兵营帐，等他们快到汴梁外城的正南门（金兵监军所在地附近）时，金人从后面喊道："尚书大人慢走，元帅有令。"4人只得又翻身下马听令。

谁料，这金兵监军却令士兵把4人摁倒在地，就地痛打，可怜这4人活活地被打死，金兵还残忍地把他们的首级割下挂在城门上，把尸体丢到正南门外，令他们家属拿着钱财去赎。

金兵宣称，这些官员筹银不够积极而被法办。金兵挨家挨户地搜找财物，只要值点钱的东西，全都被搜走。那天的京城，天昏地暗，狂风四起，手无寸铁的宋人只能暗自垂泪。

梅执礼被杀，营救二帝的计划也就流产了。

宋高宗即位后，追加梅执礼为资政殿学士，谥节愍。梅执礼等人用自己的行动表明了对国家的赤胆忠心，谱写了为国捐躯的英勇篇章。

（故事选自《宋史·梅执礼传》）

金华婺城区古子城

古子城保宁门

　　古子城是金华古城，位于浙江金华市区江北，东市北街以西，飘萍路以北。始建于唐昭宗天复三年（903年）以前，是金华的城市之根，是历代金华的政治、文化、军事中心，历史文化积淀极为深厚。古子城内不仅有太平天国侍王府、八咏楼等国家和省级文保单位5处，还有永康考寓等市级文保单位6处，文保点和历史建筑43处。

不攀附权贵的潘良贵

【富贵不能淫、贫贱不能移】

潘良贵（1086—1142年），字义荣，号默成，金华城区人。北宋政和五年进士，授秘书郎，后累迁至提举淮南东路常平。潘良贵做人、为官诚实守正，安贫乐道，当时婺州有"三潘"，即"富潘""贵潘""清潘"，潘良贵为官清廉，人称"清潘"。

政和五年（1115年），潘良贵中了进士第二名，步入了仕途生涯。年轻时的潘良贵才华横溢，长相俊逸，京中许多高官都想与他结亲。丞相王黼就想招潘良贵为女婿，潘良贵却认为此人没有学问，凭着巧言献媚得到了相位，且尽做些奸邪之事，三观不匹配，不愿与其结亲。张邦昌也想招潘良贵为女婿，潘良贵也看不上对方人品而拒绝了。另一宰相章惇也一再遣官媒劝说，要把他的孙女嫁给他，并且许诺如果娶他孙女为妻，他将陪嫁财产300万钱，但是也被潘良贵拒绝了。后来，潘良贵娶了范仲淹后裔一孤女为妻。

潘良贵为人耿直，为官刚正。靖康元年（1126年），宋钦宗问他："谁可为宰相？"潘良贵对曰："何桌、唐恪等4人不可用，如果这些人当政，那么我大宋国迟早会断送在这些人手里！"此话可把当权者得罪了。这些人认为此人太过于"狂妄"，不适宜在京城为官，随便找了个借口，把潘良贵贬出了京城。不

潘良贵像

久，京城就被金兵所破，二帝被掳，北宋灭亡。

宋高宗赵构即位后，立即升任潘良贵为左司谏。潘良贵建议高宗巡幸淮扬，选皇室有贤德之人做山东、河北长官，以此来壮国体、养兵威，以图恢复大宋江山。宋高宗未采纳他的建议，潘良贵有点郁闷。同时，朝里的一些大臣也在背后排挤他。无奈，他只好请求到工部主管明道宫。不到一年后，他自己又找借口请辞了。

1131年，在家休养几年的潘良贵又被起用任左司员外郎，他为人清傲，不愿同流合污，任职两年后，拒绝了当朝丞相的拉拢，又以奉养父亲为借口辞官在家。

1135年，42岁的潘良贵再次起复。但主战派的潘良贵与当时主和派的朝政大纲不相融，故而起复多次。

潘良贵一生仕途坎坷，曾因得罪权贵而三次被贬，却仍不改志向，坚持自己的道德操守与信念，从不与奸臣贪官同流合污。当时人称"六贼之首"的宰相蔡京及他几个身居高位的儿子，也屡屡对其抛出橄榄枝，多方拉拢、结交，但都被潘良贵婉言拒之。

晚年居家的潘良贵家境清贫，秦桧曾经差人暗示潘良贵，只要跟他说一

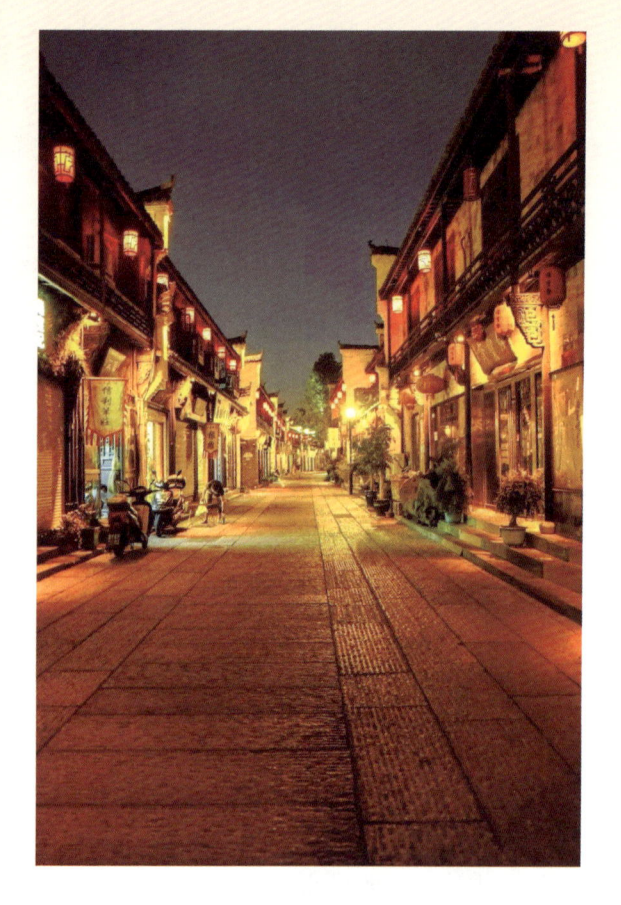

古子城夜景

下就可以谋得一个郡令，但也被潘良贵严词拒绝。1142年，潘良贵病逝，由于他为官清廉，家中连下葬的钱也没有，为此宋高宗赐钱50万，以好好安葬这位清官。

（根据李茂《潘良贵年谱》编写）

村落简介

兰溪香溪镇

香溪又名香头,位于浙江省金华市兰溪市区北郊,是"婺学开宗"范浚之故里。香溪是古代南北门交通的重要航道,北通杭州、上海,南达金华、衢州。从地形上来看,香溪位于金华北山山脉之上,"金华北山之巅而下,自鼎峁石、老鹰岩,过龙门,到虎洞背,经屏风山、延庆岭,至大公殿到香山为宛如一龙脉"。而香溪镇正位于龙头香山之上。香溪之名来源于上游香山的玉兰花及湛里源的兰花之香,每年从正月到清明、九至十一月期间,各种兰花之香,香飘十里,使人心旷神怡。香溪镇是范氏和章氏大家族聚集之地,现有保存较为完好的古街、香山宝塔、香山塔院等。

香溪宝塔

朱熹三访香溪先生范浚

【立德树人、婺学开宗】

婺学，在中国学术史上具有特殊的地位，它是浙东学派的一重要分支，具有较强的地域性，是指现金华地域范围内各类思想、文化等学术思想的总称。

范浚（1102—1150年），字茂明，世称"香溪先生"，东南心学之先驱，婺学之开宗。

范浚出生在一个"一门双柱国，十子九登科"的官宦世家，家学渊源。他的祖父范锷，登皇祐五年进士，历官至开封府尹，特进光禄大夫，太府少卿，封上柱国长社郡公。父范筠登元祐三年进士，历官浙江提举，累阶金紫光禄大夫，开府仪同三司，少保，资政殿大学士，封上柱国，进封荣国公。绍兴二年（1132年），范浚曾举贤良方正，朝官七次引荐他，朝廷虽屡屡相召，但因秦桧弄权当道，他力辞不赴任。因时事、家事的变故，中年后的范浚［以绍兴十一年（1141年）为界］侧重于修身养性，探究道学性理，退隐到宝惠寺开办香山书院，专心于教育，各地慕名而来的学子有数百人。

范浚像

绍兴十七年的一天，一位十七八岁，长相儒雅，右眼角长有七颗黑痣排列如北斗的年轻人风尘仆仆地来到香溪。他一到香溪就到处问香溪先生所居何处？乡民带他到范浚住处。

年轻人自称是婺源朱熹，从建州（今福建武夷山市）过来。听闻香溪先生

金华故事

博学多才，品性高洁，特来拜访先生。家人告诉他，很不凑巧，香溪先生有事外出访友了，归期未定。朱熹听后甚是遗憾，稍作逗留便离去。

两年后（约1149年），这位年轻人又出现在范家大宅外。范浚的儿子接待了这位远客，此时朱熹已赐"同进士出身"，将赴同安任职。在上任之前，他特地再来拜访范浚，向香溪先生讨教学问。可不巧，香溪先生又不在。在谈话间，朱熹看到写在屋内屏风上的《心箴》，不知不觉地读了起来："茫茫堪舆，俯仰无垠。人于其间，渺然有身。是身之微，太仓稊米。参为三才，曰唯心耳。往古来今，孰无此心？心为形役，乃兽乃禽。唯口耳目，手足动静。投闲抵隙，为厥心病。一心之微，众欲攻之。其与存者，呜呼几稀！君子存诚，克念克敬。天君泰然，百体从令。"朱熹越读越激动，兴奋之情溢于言表，问范公子："不知在下可否抄录研读？"范公子看朱熹如此喜爱，笑道："家父此作自是令人阅读，今朱兄如此喜爱，家父定甚是欢喜，岂有不可之理？"朱熹喜滋滋地把《心箴》抄录后跟范公子道别，说下次再来拜访香溪先生。

一年后，朱熹又来香溪拜访范浚。此次是范浚高足侄子范端臣接待。范端臣因叔父的突然离世而正处在悲痛中，神情甚是落寞。范端臣告诉朱熹香溪先生已过世。朱熹一听，悲痛欲绝，只恨自己与先生无缘，在范端臣的陪同下亲自前去墓地祭拜。

香溪老街

三次拜见而都未能见到香溪先生的朱熹，带着遗憾去同安就任。1153年夏，朱熹拜"二程"（程颢、程颐）之三传弟子李侗为师。

多年后，朱熹还追忆此段往事，感慨自己与香溪先生无缘。他跟好友吕祖谦说："范浚出于名门，道德高尚，学识渊博，见解独到，你看他的高足范端臣的文章就可知香溪先生之才学。唉，可恨自己竟无缘相见！"朱熹把范浚的《心箴》收录到《孟子集注》，并在淳熙九年（1182年），亲作《香溪范子小传》，以弥补未见香溪先生之遗憾。

范浚的人品和文章犹如深山之幽兰，"兰为王者香，芬馥清风里。从来岩穴姿，不竞繁华美"。这棵幽兰吸引了年轻的朱熹千里迢迢三次拜访，正如陈毅元帅所云"只为馨香重，求者遍山隅"！

（故事来源于《范浚文集·序》）

朱熹像

国家篇

村落简介

磐安榉溪村

榉溪村景

　　榉溪村位于金华市磐安县南部,距县城安文38千米。榉溪村原名桂川庄,村以溪名。榉溪也称桂川,自重重叠叠的岗峦上奔流而下,自西向东流,居民住宅也沿溪分布,桥横初月,岸接新楼。村西有大路水库和电站,村北有金钟山,南有来龙山,叠嶂参差,凝烟含翠。现村内保存有孔子家庙。西端村口有孔子第48代裔孙孔端躬墓,在孔端躬墓旁,有黄柏松(又称桧木)一棵,树龄有890多年了,苍健挺拔,枝叶繁茂,人们称为"太公树"。相传,孔端躬护驾南渡时,从曲阜携带此桧苗,并发誓曰:"此苗在何地生根,即我氏之新址也!"于是,所到之处即埋于地,走时拔起带走。至榉溪时,父病至卒,待他料理后事后，桧苗已萌根生芽，自叹为天意也，于是移植于川北燕山脚下，人也定居于榉溪。

其弟孔端朝在安徽歙县，至第56代时一支迁到金华，现金东马腰孔村都是孔端朝后裔。如今，以磐安榉溪村为中心，包括武义、永康、金东等地，即在金华地区的孔子后裔统称为婺州南孔。

做下好事传千年

【知行合一、造福于民】

宋建炎四年（1130年），金兵攻陷兖州，孔子第48代裔孙，时任大理寺评事的孔端躬与父亲孔若钧、伯父孔若传、堂兄孔端友等随小康王赵构南渡到了临安（即今杭州）。在渡过钱塘江时，又遭金兵铁骑追击，一家人被冲散。等到他们到台州章安镇，金兵暂时退去。父亲孔若钧令孔端躬打听伯父一家的消息。后来得知圣衍公孔端友一家到了浙西重镇衢州安家。孔若钧期盼早日与胞兄一家团聚，在得到皇帝批准后，他们一家也赶赴衢州与亲人会合，走到大盘山桂川溪旁时，孔若钧病逝。孔端躬以"结庐守墓为孝道"的理由奏请朝廷批准他在此安居。在征得同意后，他率5个儿子隐居在桂川旁，搭茅庐栖身，开荒垦殖，圈养家畜。同时也不忘孔府家训，亲自教授孙儿辈读书。孔端躬擅长黄岐之术，他利用自己所学帮助当地百姓，被当地百姓尊称为"孔大善人""孔神医"，他的故事千百年来一直在流传。

大盘乡有户贫苦农民，他的妻子产后没有调养好，过早进行繁重的体力劳动，导致"子宫下垂"。这一来，她坐不住，卧不适，翻来覆去，痛苦异常。邻居们常来看望她，劝她一定要就医，还为她请来一位专治妇科疾病的医生。

榉溪村村景

　　这位医生简单地搭了下脉,开口就说:"你这病治起来并不难,不过要吃一百帖'补中益气汤'。每帖需用人参三钱,服满两斤,病才会痊愈。"夫妻俩一听,面露难色地对医生说:"我家日无隔宿之粮,夜无御寒之被,哪有钱吃人参啊!难道只能听天由命了?"病妇痛苦地叹着气,默默地淌着眼泪。丈夫捶胸顿足,大喊着:"苍天啊!你快派尊菩萨来救救我老婆!"

　　就在这时,菩萨真的出现了。原来,孔端躬刚巧路过这户人家门口,也听到了刚才医生和病人及家属的对话。他十分同情这位妇女,于是不请自进,径直走进了病人家。孔端躬仔细地检查病人后,转身批评那位"妇科医生",对他说:"你怎么可以强人所难呢?病人家明明穷得连锅都揭不开,哪有钱吃两斤人参?医生应该首先替病人着想。再说,这位病人的病并不是因气虚引起,而是穷人家为挣饭吃顾不上好好休息而劳伤引起的。你为何开出百帖人参处方,难道你认为处方昂贵就能显出医生的本事么?莫非你想利用代购人参而从中取利么?"

他越说越气愤,说得那医生红着脸低着头,灰溜溜地走了。

孔端躬这才对夫妻俩说:"你们不要担心,我有一个单方,用不了多少钱,三五天后就能见效,不妨试试。"

病人家久仰孔端躬的大名,现在见他主动上门治病,还说分文不取,顿时破涕而笑。

传说故事中孔端躬让那男人从地里割来二斤韭菜,煎取浓汁倒入脚盆中,再取一块两斤重的生石灰,投入盆中。不一会儿,石灰溶解,发出"丝丝"声。待全部化完后,换盆滤去石灰渣后,让病妇趁热坐到盆上,先熏后洗,并用韭菜不停揉搽患部。坚持三天后,农妇的病果然便慢慢地好起来了。[1]

附近的人得知农妇恢复得这么快,所用药方竟是二斤韭菜和二斤生石灰,都非常佩服孔端躬的高明医术和高尚的医德。

孔端躬却说:"我是牢牢记住这样一句祖训——做下好事千年传,做下丑事万人恨啊!"布衣孔端躬用自己的医术为当地百姓造福,芳名远扬。孔氏后人始终秉持祖宗的家训,无论当官还是经商,始终以百姓福利为宗旨,无愧于祖宗教诲。

(故事节选自汪行健《榉溪故事》,百花洲文艺出版社,2018年版)

---

[1] 此故事为地方传说,治疗单方仅适用于此故事,切勿模仿。

村落简介

金华塘雅前蒋下仓村

总管殿

下仓村属塘雅镇前蒋行政村的自然村，坐落在婺东约33里的古官道上，村中有纪念元朝婺州路三朝总管范仁的总管殿，范仁后裔为守护殿宇而定居于此发族成村。下仓村原叫下苍村，意指天下苍生的事，范仁大人都会管，寄托了当地百姓对地方父母官的一种希望和期盼。

开仓放粮，两官"争死"

【盛不忘衰、敢作敢当】

金华郊区有个自然村叫下仓村。该村附近的大路上有一座庙，名叫总管庙。这座庙十分奇特，它横骑在金华到义乌的大路上，凡从此经过的人都必须要穿庙而过，"文官下轿，武官下马"。金华市区三牌楼附近还有条茅亭路（后来叫仓茅亭），路旁有个叫"八万仓"的粮仓，又叫"永济仓"，可屯8万斤粮食。而这路和庙都与"八万仓"有关。

元朝至元十三年，金华改称婺州路，管辖五县一州，设总管府，最高长官叫婺州路总管，相当于后来的金华知府。

那年，范仁到金华任婺州路总管。此范仁乃是宋代著名文学家、政治家范仲淹的第8代子孙，颇有其祖之风。他到金华上任后，见此地人杰地灵，民风淳朴，五谷丰登，甚是高兴。但范大人很有危机感，他寻思着：偌大个金华府居然没有一个大粮仓，万一遇到荒年，百姓无粮，那又将如何是好？俗话说，丰年之后必有灾年，熟年之后定有歉年，吾身为一方父母官必然要为当地百姓谋福利，早做准备。于是他决定在金华城内建一座大粮仓，为百姓屯粮。

此举得到婺州路各县官民的支持，大家踊跃参加。在短短的3年内就修建了"永济仓"，屯粮8万斤，故又称"八万仓"，范仁又选了勤俭负责的茅亭管理粮仓。果然，丰年之后灾年来了。那年，金华各地半年滴雨不下，百姓颗粒无收。老百

永济仓

【金华故事】

姓靠自己家里那一点积粮，又怎能经得起这场大灾难呢？家家户户揭不开锅，没东西吃，百姓只好吃草根、树皮和观音土。这时有人想到金华粮库八万仓，纷纷赶来，要求开仓放粮救人。

范仁得讯后，立即带了两个衙役，匆匆赶到。这时粮仓前面已经挤满了人，范仁挤进去站在大门前的高台阶上，高声说道：

"各位父老乡亲，在下就是婺州路总管范仁，有事同大家商量！"

一听说总管老爷到了，众人忙安静下来，只听范仁说：

"我们婺州路受灾之事已在一个月前向上司和朝廷禀报，至于开仓放粮救灾的紧急报告也于三天前快马飞报京都，估计三五天后朝廷批文也能到了。不过，据我所知，现在有几个县已经有人饿死，再不开仓，饿死的人会更多，怎么办？我决定今天开仓放粮！仓怎么开，粮怎么放，秩序怎么维持？大家静候片刻，等我同茅亭仓管商量一下。"

乡亲们一听可开心了！这下好了，有粮了！有饭了！但也有几个老人却愁容满面。一个说，这一回总管老爷怕是没命了！为什么？这永济仓乃是国家粮库，地方官只有权屯粮，却无权放粮。开仓放粮必须要经过皇上同意并有朝廷批文，批文没到就开仓放粮，谁下令开仓就杀谁的头。范老爷为金华百姓，这回可是死定了。

外面一些老人正在为范老爷担心。此时，屋内的茅亭正和范仁"争死"。茅亭说："范老爷，批文没到你下令开仓，是要杀头的，谁都没法救你，你知道吗？"范仁微微一笑说："我为救婺州百姓而死，值！"茅亭说："这样吧，私开粮仓这个死罪就由我来担当，我孤身一人，无父无母，无妻子儿女，无牵无挂，死了就一了百了。而你呢，上有年迈父母，下有年幼儿女，中有年轻妻子，还有五县一州的黎民百姓，有多少事需要你做啊！"范仁说："谁死先别议，咱们还是先商量怎么放粮吧，我们救百姓要紧。"于是，他们很快就商量出了放粮办法，派人往各县各城门张贴布告，大人一斗，小孩五升。一边派衙役兵丁维持

秩序。

8万斤粮食很快就放完了，救了上千万婺州百姓。

数天后，朝廷同意开仓放粮的批文到了。又过了几天，茅亭私开粮仓放粮，就地处决的批文也到了。原来，茅亭为了救范仁，暗自派人去省里放风，说开仓放粮是茅亭所为，而上司也有意保护范仁，便不追查细究。

茅亭执刑那天，金华五百滩上人山人海，有不少百姓要保茅亭，但皇帝开金口说杀就杀，谁也保不了。人们含泪为茅亭送行，感谢他救了那么多老百姓。茅亭却说："要谢也得先谢范老爷，没有他建粮仓，号召屯粮，我又哪有粮可放呢？"

茅亭去世后，范仁把八万仓附近的那条路改名为茅亭路，以示纪念。范仁去世后，接任总管的是蒙古人，他被范仁和茅亭的事迹感动，同意范仁后代在范氏住地建造总管庙，塑范仁像，并规定来往的文官必须下轿，武官必须下马，以进庙敬拜。

总管殿一角

（施水云讲述，章竹林整理，塘雅文化站杜根虎供稿和图）

村落简介

浦江县郑宅镇

"江南第一家"门匾

郑义门，又称"江南第一家"，位于金华市浦江县郑宅镇，是中国古代家族文化的重要遗址。自北宋重和元年（1118年）至明朝天顺三年（1459年），郑氏家族历经15代合族同居共食（340余年），被称为"廉俭孝义第一家"，被世人传颂几百年。长达168条的传世家训《郑氏规范》，被誉为中国传统家训的重要里程碑，其事载入《宋史》《元史》《明史》。郑氏以孝义治家，自南宋至明代中叶，"郑义门"屡受朝廷旌表，明洪武十八年太祖朱元璋亲赐封"江南第一家"。

郑浔誓死护印符

【忠于职守、仁者有勇】

"食君之禄,忠君之事,有何惧哉?!"这是为政当官应遵循的职业操守。郑义门第8代郑浔是明初婺州(金华)一个小小的税令,却深得郑义门家风之真传,宁死不屈,坚守岗位。

1358年,朱元璋命胡大海带大军攻金华,无奈久攻不下。这年12月,朱元璋亲自率领10万大军攻下金华之后命大将胡大海留守。耿再成留守处州,形成掎角之势,以便互为照应。婺、处之地多苗军,蒋英、刘震等带领兵丁前来投降,胡大海雅意招揽,收归麾下。谁知,苗兵反复无常,不久就图谋反叛。

这一天,蒋英等人一边暗中勾结处州苗将同时举事,一边假意请胡大海到八咏楼下现场看弓弩射击。胡大海不知是计,欣然出门。正要上马,忽见一苗将跑过来,跪在胡大海马前伏地请罪。胡大海感到疑惑,正欲

郑义门村古建筑

回头问蒋英，不料蒋英挥舞铁锤猛地击来，胡大海躲避不及，顿时脑浆喷出，死于非命。蒋英立即斩下胡大海的首级，胁迫红巾军官兵反叛。

苗兵杀了胡大海，公然反叛，税令司的官吏大多闻风逃遁，只有郑浔独自一人守着官署不逃不避。苗将率兵冲进官署，持刀相向，逼迫郑浔交出所掌印符，并大肆抄检。郑浔见苗将欲得印符，抢先一步把印符抱在手中，誓死保护，任凭苗兵威逼利诱，就是不给。苗将大怒，挥刀砍去郑浔左手，顿时血流如注。郑浔就在苗将挥刀砍来之际，迅速把印符转到了右手，仍死死抱住不放。苗将见郑浔被砍去左手，兀自舍命护印，气得暴跳如雷，挥刀又砍。郑浔宁死不屈，忍着创伤剧痛躲过钢刀，转头就跑。苗将紧追不舍，郑浔跑到庭院，急忙把印符抛入一口井中，自己却因流血过多，倒在血泊之中昏死了过去。苗将见印符已被投入井中，郑浔也已昏倒在地，料想必死无疑，就恶狠狠地在郑浔身上踢了一脚，领兵悻悻而去。

苗兵走后，躲在官府里的人悄悄把郑浔救起。直到平定苗兵叛乱之后，郑浔才被送回家中养伤。因为失去左手，伤势太重，不能理事，后来郑浔一直退养在家中。

（故事选自沈志权《信义金华经典故事》，浙江工商大学出版社，2016年版）

村落简介

国家篇

兰溪女埠街道焦石村

邵氏家庙

　　焦石村位于兰溪市兰江西岸的女埠街道,离女埠集镇4千米。全村以丘陵为主,区域面积1.09平方千米,其中耕地620亩(1亩≈666平方米),下辖焦石和童公山2个自然村,9个村民小组,300户农户,近1000人。村民大多以种植水稻、大青豆和甘蔗为业。村中长湖绕绿水,村外焦山兀立于瀫水之滨,山腰有古刹广济庵,并有栈道和义渡遗迹,清高宗弘历于乾隆二十八年(1763年)在此登山游寺,题有《赤鹤峰》诗一首。村中有邵有泰孝子石坊和邵氏家庙。

刚正不阿的邵玘

【一身正气、不怕丢官】

邵玘（1375—1430年），字以先，兰溪焦石人，为人聪明、胆大。他历任湖广道监察御史、江西按察使、福建按察使、南京都察院左副都御史、刑部大夫等职。邵玘为人耿直，敢于真谏，做事雷厉风行，以弘扬正气为己任，获得当时朝廷内外的一致认同。

1406年，中举后邵玘参加明成祖举办的春宴。宴会其中一项活动内容便是：谁有胆量上去为皇帝簪花[1]。大家都不敢上前去给皇帝戴花，唯独邵玘从御花园摘了朵花，直接上去给皇帝簪插，明成祖赞他有胆略。

1416年春，南方奏报洪水为害，灾民流浪，明成祖派大臣前去巡察抚恤。时任礼部尚书的吕震却说："现在国泰民安，平安无事，皇上您应该去泰山朝圣封禅以谢天地。"明成祖道："现在天下虽然没有大事，但国内却也是洪灾、大旱、疾病不断，我们又怎敢自夸是天下太平呢？当年唐太宗要去泰山封禅，大臣魏徵百般劝阻，可如今你们却正相反！"吕震连连谢罪。

明成祖立命邵玘速去两浙巡视水旱灾情。邵玘面有难色地说："皇上，臣是浙江人，臣不方便处理浙江的事情，应该要避嫌的。"

明成祖却认为："正因为邵卿你是浙江人，比别人更了解浙江，也更加知道浙江的风土人情，所以派你去最合适。这个时候你就不要跟朕来谈避嫌之事了。"没办法，邵玘只好提出再增派一名御史，皇帝也同意了。

那年的浙江经历了历史上少有的自然灾害，金华地区尤甚。五月洪水淹没大片田地、冲垮无数房子，许多人和牲畜都被冲走。六月，当地又大旱，一个月内没有下过一滴雨。同月浦江地震。到了七、八月间，金华地区又发洪水，这次洪水更大，冲毁城墙，滔滔江水涌进金华城内。

---

[1] 指古代男子参加庆典宴会，都有把花插在头发上的习惯。

此次灾情在明万历《浙江通志》《金华府志》都有记载："明永乐十四年五月，大水淹溺人畜田庐无算。六月大旱，七月及八月又大水，坏城垣。"

万历《兰溪县志》载："五月水灾甫息，夏仍旱，七月十五又发生洪水，高超前八尺（据今水利局测得吴淞高程洪水位37.12米）。"

《浦江县志》载："大水漂屋舍，夏旱，六月地震，七月复大水。"

邵玘来到金华重灾区，深入民宅，探望和慰问受灾百姓。得知兰溪更甚，邵玘又火速赶往兰溪，只见兰江两岸庐舍尽塌，人畜尸体漂浮在江中，"簇簇烟村，变作深深之沟堑""江边白骨淹黄沙，岸上腐尸横碧草"，惨不忍睹。邵玘不敢相信"怎么在这短短几天之内，就被洪水断送了数千万条生命？"（据事后估计，当年兰溪那次洪灾损失人口约计两万人）。

为了减少损失，他尽快建好受灾百姓的安置点，安抚百姓。同时，他立即上奏朝廷赈济及从其他地方调拨粮食，以保障金华百姓的基本生活。另外，他组建防疫医疗组，以地方医馆为主做好灾后防疫工作，以防止灾害的进一步扩大。

1426年，他调任福建任按察使。这时，他在福建又遇上了自然灾害，为了救民于水火，他开仓救人，以致这次福建饥荒没有饿死一个人。

皇帝知道邵玘为人清廉、正直，1428年升任邵玘为南京都察院左副都御史（相当于现在的中央纪委和监察部），让他来整顿吏治。在任期间，他把那些不称职的都察院官

孝子石坊

国家篇

员全都罢掉，并把那些在朝廷各部门任职，只领工资不做事，庸庸碌碌混日子的官员除名，一下子就开掉80多人。这么一来，百官震惧，吏治得到了根治，朝纲大振。

后来，皇帝又让他去管刑狱。他照样秉持公正原则，以"不怕丢官"的心态，为民伸冤，故而他在任期间，有"无冤都察院"的最高评价。

这位一身正气、无私无畏、公正严明的司法清官，直到今天仍万人传颂，为世人典范。

（故事节选自《明史·邵玘列传》，参见兰溪新闻网）

村落简介

国家篇

兰溪女埠渡渎村

章氏祠堂

　　兰溪市女埠街道的渡渎村是金华传统古村落，明代南京礼部尚书章懋故里。村中的"余庆堂"（俗称上厅），明代建筑，为全国重点文物保护单位，以及"章氏家庙"始建于明，重建于清，是省级文物保护单位。

"道德楷模"章懋

【德才兼备、务实亲民】

章懋（1437—1522年）字德懋，人称枫山先生，浙江兰溪渡渎村人。明成化会元。他出身寒门，世代务农。他自幼聪颖，博学多才，年轻时"连中二元"（解元、会元），被朝廷录用为官。

章懋襟怀坦荡，生活俭朴，道德文章为世所推崇。章懋家教很严，从不对自己的孩子搞特殊。尽管他自己在外当官，但他的三个儿子都在家务农。一天，兰溪知县去看他们。三个儿子正在田里干活，一看知县来看他们，连忙放下农具，跪在田边地头叩头迎接。县令十分惊讶，心想怎么还会有如此纯朴的家教？想想自己家里的那个小魔头，不禁汗颜！

章懋在南京当"教育部长"时，他的儿子大老远去南京看望父亲，谁知路上遇到了"巡警"，被狠狠地打了一顿。"巡警"后来得知是"章部长"的儿子，吓得赶忙去请罪。章懋笑着说："我那儿子蓬头垢面，穿着也很寒酸，你们当然不可能认识了，这怎么能怪你们呢？你们何罪之有呢？"接着，章懋话锋一转，"但是，你们也不能以衣貌取人，更不能因为人家穿得普通点，你们就去驱赶人家。普通老百姓又有几个衣着鲜亮呢？难道说他们穿着普通就不能上街了？咱们是父母官，何为父母官？就是说要把百姓当成自己的孩子，去爱护他们、保护他们，而不是根据他们衣服是否光鲜而区别对待，只爱那些光鲜之人而欺负寒酸之百姓！"把那些"巡警"好好教育一番。

章懋的学问为人天下扬名。他曾被封为"国子监祭酒"（国子监，古代国立大学，全国只有一所；祭酒，相当于校长）、礼部尚书（相当于现在部级官职）。但章懋上任不久便又辞官回兰溪创办枫山书院教书育人。

章氏祠堂内景

　　有一次，章懋从兰溪到杭州当乡试主考。见同船去的几个年轻考生口吟歪诗互相吹捧很是轻狂，便凑上去说："我也给大家助助兴。"几个年轻考生见这么一个农民打扮的老头也会吟诗，想笑话笑话他，便答应了。章懋说："我只会吟，不会写，我吟你们记吧。"于是章懋摸着胡子，轻轻吟了起来：dī dī 一小舟，huó huó 水上流，zhī góu 三把桨，jiū kuò 到杭州。这下几个年轻人急傻眼了，这是什么呀！原来章懋吟的是兰溪土话，点点（dī dī），很小的意思；哗哗（huó huó），像声词，流水声；吱勾（zhī góu），划水碰到船帮擦出的声音；剧夸（jiū kuò），时间短，一会儿的意思。其中只有一个衣着朴素态度谦卑的年轻人说记下来了，红着脸对章懋说："老伯，我只记了点符号，不知道对不对？"章懋说："没关系，能记下来就不错了"。接过来一看，只见上面

记着"··一小舟，〇〇水上流，——三把浆，||到杭州"。章懋连叫好："后生可畏，我几句歪诗，经你这么一记一改，就好多了。"于是就念了起来："点点一小舟，圈圈水上流，——三把浆，直直到杭州"。经章懋这么一念，一首打油诗便变得有板有眼，韵味十足，很有意境情趣。船上年轻人都觉得无地自容。

临走时，章懋对几个年轻人说了句："道德文章，道德在先。天外有天，人外有人。"

（故事选自《明史》及坊间传闻）

村落简介

义乌佛堂镇倍磊村

倍磊街

倍磊村，位于义乌佛堂镇。倍磊村南倚八宝山脉，北望当地称为"后畈"的千顷平畴，东边是丘陵，西临义乌江月亮湾。村内有东、西两条溪水在民居间蜿蜒流淌，村四周田畈则有数不清的湖、塘、堰，像块块翠玉镶嵌其间，自然景色十分秀美。倍磊是一个名闻遐迩的大村，是义乌明代乡村集市与商贸文化的一个缩影和遗存。古建筑有"十七祠堂十八殿"之称，古时的"倍磊十景"曾让文人们"登眺流连，形诸歌啸"，现旧景虽已难寻，但遗落的古建筑和街巷仍让人赞叹！

【金华故事】

剽悍忠勇的"义乌兵"

【深明大义、忠勇护国】

义乌倍磊村以陈为大姓。南宋咸淳年间，陈氏始祖陈廷俊从东阳县安文迁到倍磊村定居，繁衍生息。

嘉靖十八年（1539年）九月，戚继光听闻义乌民风剽悍忠勇，故特到此处来招兵，意图训练一支精干的戚家军。他拿着上级的批文找到知县赵大河，商量一番后，张贴募兵告示，奇怪的是告示贴出几天，居然无人来报名。戚继光很疑惑，来找知县询问原因。

赵知县一沉吟，问道："你找过陈大成吗？"

"他是何人？"

"陈大成是陈氏家族的族长，在全县老百姓中也是很有威望的。没人应征，可能跟他有关。"

赵知县沉吟一下，接着说："不过他是正直之人，你去跟他说明抗倭大义，他会支持你的。"

戚继光听闻后，立即赶紧找到陈大成家，向他说明来意。

陈大成是当时陈姓家族族长，高大威猛。多年来，他亲眼目睹官军腐败，向来对募兵很不支持，在他影响下，陈家很少有当兵的。但他听说过戚继光大名，这次戚继光亲自上门拜访，他也十分感动。

戚继光说："大成兄，如今倭寇横行，残酷杀害我们同胞，我们铮铮男儿怎能视而不见？外寇不除，国家岂能太平？这次来找兄长，是求你支持我，为报效国家尽一份力，不知意下如何？"

陈大成问及戚继光："打倭寇不是有卫所兵吗？"戚继光说："我曾经训练过卫所兵，但一遇强敌就害怕。我听说义乌人刚开打时，有点害怕，但越战越

勇,我就是看重义乌兵的素质才来找你支持的。"

听了这番话,陈大成十分感动,说:"倭寇横行霸道,我何尝不气愤?可我对官军早已失去了希望,所以不愿自家子弟去当兵,怕去时是个忠厚老实之人,回来后却成了兵油子。这次将军为大义征兵,我信得过将军,愿意为将军效犬马之劳。"戚继光十分感动,给陈大成深施一礼。

当时已53岁的陈大成带头报名参军,同戚继光义结金兰,表示愿听从戚将军的指挥。

陈大成一带头,儿子陈文澄,叔叔陈禄(辈分较大,年龄比陈大成小)及倍磊村数百青年男子马上报了名。隔壁田心村的王如龙也带了几十人来县衙报名。一时义乌东南西北,差不多每村都有人来报名参军,县衙挤得水泄不通。赵知县亲自登记,戚继光一一选兵,一下子就招了4千人。县衙挤不下,就移到西门戚宅里选兵训练。

戚继光把义乌兵的训练交给陈大成来负责。陈大成知道倭寇不是一般的盗贼,对付倭寇光凭勇敢是不够的,还必须知道一些专业的作战知识,因此他决定让将士们熟读戚继光写的《纪效新书》练好鸳鸯阵。可问题来了,这些士兵原本就是些大字不识的农民,识字的没几人,又如何能让他们熟读兵书呢?

陈大成练功石

于是,陈大成想了个办法,让识字的士兵读给其他人听,要求务必人人都会背。陈大成尽管当时也已是53岁的人,仍不辞辛劳,天天和儿子陈文澄一起练习使用长枪、短刀,并要求士兵严守纪律。经过一年艰苦训练,义乌兵的战斗力

显著提高。

第二年4月，义乌兵开赴台州，在一个月内九战九胜，打得倭寇直叹：来了何方神兵？首战告捷后，军队开赴福建。在横屿岛之战中，陈大成带着义乌兵背负稻草，边铺路边作战，全歼岛上倭寇。上径桥一战，倭寇占桥死守，陈大成带的兵在冲锋时死了好几百人，但没有一个回头的，硬是迫使敌人弃桥逃跑，最终歼灭全部敌人。

几次战斗下来，陈大成升为守备，后升任福建省都指挥使。隆庆元年（1567年）戚继光奉命北上，陈大成被福建巡抚留下。之后，陈大成被任命为四川游击将军，后竟一病不起，死于四川。

收到陈大成病逝书信后，戚继光马上写了《祭旧部曲游击将军陈大成》一文，痛悼这位昔日戚家军主将，情真意切，字字泣血。

（来源于节选的《倍磊村志》）

村落简介

国家篇

金华长山村

朱大典读书处

　　长山村位于二环南路以南,村内至今保留着不少古树、古井、古亭、古桥、古牌坊,建村史可追溯到2000多年前的东汉。长山村北最高处有一座古庙,叫伏龙庙,庙前有一高台,叫"朱大典读书台"。村里有条石道溪,该溪自长山村西入村,环村往东流淌,在村之东北角,与另外一条发源于南山,自长山村东入村,环村向北而下的桐溪相汇,两溪环绕交汇,形成了长山村的天然"护村河"。该河上大小古桥有10多座,较有名的是"承志桥"和"滕家桥"。在"滕家桥"东侧有口老井,叫东村井,一桥一井守护该村上千年,见证了该村的兴衰荣辱。

朱大典殉难八咏楼

【成仁取义、尽忠卫国】

朱大典（1581—1646年），字延之，号未孩。金华婺城区长山乡长山村人。家甚贫苦，从小刻苦读书。

明万历四十四年（1616年）中进士，任章丘知县。天启二年（1622年）升兵科给事中。因反对宦官魏忠贤党，天启五年（1625年）出为福建按察副使。抵御"红毛番"侵扰有功，晋右参政。丁父忧，归隐金华北山鹿田书院读书。

崇祯三年（1630年）以原官起用。崇祯五年，累官至山东巡抚。因平定孔有德等兵变有功，崇祯六年，升兵部右侍郎。崇祯八年，农民起义军兴，朝廷命朱大典总督漕运兼巡抚庐、凤、淮、扬四郡，移镇凤阳。此后曾坐失州部，一再贬官。崇祯十四年，又命朱大典总督江北及河南、湖广军务，仍坐镇凤阳。

在此期间，适逢许都围金华，朱大典的儿子朱万化募健儿抵御。不久京师陷落，福王立于南京。朱大典结交马士英、阮大铖，受召为兵部尚书，总督上江军务。

清兵破南京，福王被擒。朱大典乃归金华，据城固守。

鲁王监国，任命朱大典为文华殿大学士，建行台督师。辖金华、兰溪、汤溪、浦江四县。唐王立于福建，任东阁大学士，督师如旧。

清兵下浙东，方国安、阮大铖即降

朱大典塑像

清。阮大铖又驰书信力劝朱大典也降清，朱大典见信大怒，愤然裂书，立即令杀招抚使，遂与部将固守金华城，誓与婺城同在。

清兵围金华城两旬有余，久攻不下。阮大铖探知婺州城西城墙新筑土尚未坚固，便命以红衣火炮专攻其处，数十门炮一齐轰，大火连天，城墙崩毁。朱万化带兵在旌孝街三清宫和关帝庙前与清兵浴血奋战，重伤而亡。

恶信传来，朱大典急命家中妇女先入井自殉。朱大典自携火绳与部将、子孙、馆师、宾从环坐在八咏楼下火药库中，亲自点火自焚，火药库爆炸如发地震，清兵反走辟易，多自相践踏而死。朱大典全家满门男女均殉难，谱写了一曲感天动地的壮丽篇章。

清兵攻陷金华后，屠城三日，血流成河。

现今古代城八咏楼下的地道库就是朱大典的殉难处。清波门的"忠烈祠"（现已毁灭）是后人为纪念他而修建的，以表达对他的敬慕和怀念。后人在长山乡建有伏龙寺以纪念，保留至今。

朱大典大义凛然的民族气节，舍生取义的精神，不仅令金华人民敬仰，清政府也被他的不屈和气节所折服。乾隆四十二年（1777年）清廷赐谥朱大典为"烈愍公"，并在金华通济桥北的双溪驿前，建造了一座高10米的四柱青石牌坊，横额上勒刻"表海崇勋"4个大字。

（故事选自吕学姜《古婺遗韵》，吉林人民出版社，2008年版）

村落简介

汤溪县西杨山背村

汤溪城隍庙

汤溪是一个有着500多年历史的文化古镇，原古婺州八县之一。汤溪山水秀丽，生态环境优越。境内有古朴娴雅的寺平古村，有秀美壮丽的九峰山，有舒适宜人的九峰温泉，还有被誉为"江南第一庙"的城隍庙。龙丘与兰溪交界处，有个隐现在苍松翠柏间的古村落——西杨山背，当时属汤溪县管辖。这里从兰溪到处州的官道划村而过，村中有座规模宏敞的御史府第。八字大门配有石擂，气势非凡。更令人敬畏的是还有御封的五尺禁地，凡文武官员经此地必须下轿、下马，如无视御规，必引起村民拦劫，甚至泼粪相送。

西杨山背"狗太公"

【不忘初心、不忘根本】

国家篇

俗话说，人往高处走，水往低处流。人一旦出名，必然要去修改自己的出身家世，大多宣扬自己显赫的家世，甚至忘记了自己的出身。可在汤溪的这一古村落，它却与别处不同，每年大年三十全村人给一只黄狗行三跪九叩跪拜祖宗之大礼。

相传有这样一个故事，地处西杨山背有这么一个村，村里稀稀落落有几户异姓人家，只有汪氏属于世代故居。家主汪好古读了几年私塾，中了末榜秀才，靠几亩薄田出租维持生计，娶路桥大家闺秀金氏为妻，已育三子，生活维艰。金氏靠娘家救济维持生计，其兄嫂们口里不说，但心中有抱怨。金氏每次回娘家都会遭到白眼，终于有一天她受不了这口气，下决心从此少回娘家，也谢绝了娘家救济。

有一年严冬，金氏又十月怀胎。这天傍晚，命丈夫去路桥延请接生娘，金氏料理孩子们吃好晚饭，回房躺下，就开始阵痛。

不久，接生娘来了，她原是娘家那边人，金氏见她进来，把五钱银子放到她手心，说："不瞒你说，眼前这三个孩子都

汤溪九峰山

55

难养话，不是我做娘的心狠，而是这个讨债的来得不是时候，拜托你把他抱走，越远越好！"

接生娘看看手中的纹银，喜上眉梢："有道是宁增田一斗，不可锅增人一口，在这种斗粮升金的饥荒年月，连大人的命都保不住了，哪还顾得上婴儿？这种事我做得多了！还好，我经过路桥千坟堆，看到一个旧坟坑，让他在那里转世投胎吧。"秀才在外面烧汤，忽然传来婴儿啼声，心头一热，本想进去看看，但男人不得进产房，否则会带来晦气。只等接生娘出来问个明白就是了。可等了好大一会儿，也不见她出来，只得端汤进去，只见妻子掩面而哭，问："接生娘呢？""她打小门出去了。""让我瞧瞧孩子。""夭亡了！"这怎么可能，方才我听到哭声？""已经让接生娘抱去处理。"

秀才听后一屁股坐在凳上流泪："我的天那，一条新生命被你们扼杀了。"

寒冬腊月，大雪纷纷。丈夫偶感风寒，孩子们的衣食无人料理，金氏才坐了7天月子，实在看不过去，只得勉强起来烧饭。忽然门外传来婴儿啼哭，忙打开大门观看，只见满山遍野白雪皑皑。于是提了猪、狗食走进栏房，见狗窝里有个婴儿，与一窝小狗争奶吃不着，所以啼哭，忙抱起来察看胎记，竟是自己亲生骨肉。

原来家狗生崽后很有母性，又通人性，能听到远处的婴儿哭声，凭着嗅觉，寻到路桥千坟堆，用爪扒出墓洞，把婴儿叼回狗窝，已喂养了7天。这个消息，很快传播开来。远近村庄的男女老少纷纷前来探望，送钱送物，慰问这只颇通人性的狗和被它救回的婴儿。汪氏宅院一时门庭若市，络绎不绝。

吃过满月酒后，金氏请丈夫给孩子起个大名。丈夫本来责怪妻子弃子，现今孩子已由义犬救回，就让小儿认狗为父吧，遂取名"犬生"。妻子嫌其名不雅，说把"犬"字上头一点改成一横，就成了"天"字。"我们就叫他天生吧！"丈夫听了愕然，心想："以往只知她会纺纱织布，

谁知她的文才比我还好。"汪天生到了7岁时，大黄狗衰亡。因它有救子恩德，按照人格礼仪，村人都为它穿麻戴孝。连周边村庄人也加入送丧队伍。

这汪天生聪慧，10年后被推荐到县学科考、岁试，秀才及第。又经县里教谕推荐，上中书省贡院乡试，举人及第。其后殿试，进士及第，先后做过知县、府尹，他清正廉明，官升御史。

这年年底，因老母病重，皇上恩准省亲，回家过个团圆年。回家一看，村里运用御赐银子及大众捐资，造起富丽堂皇的御史府第，白发苍苍的母亲早在堂前坐等，御史正欲下拜，金氏连忙扶住："吾儿首先要拜的不是老身，而是你的再生父母——大黄狗。"御史点头称是，即命裱画师画出大黄狗肖像，实际上画的是狗娘娘。为了避讳，御史大笔一挥，改为狗太公。因为没有它就没有这家族，又哪来的御史？所以它是他的再生父母，恩重如山。

每年大年三十之夜，府第灯火通明，香火缭绕，举村欢聚正堂，族长挂出狗太公。于是按照传统古仪鸣炮奏乐，放上猪头、鹅、鸡等供于案上，在场的村众齐刷刷地三跪九叩行祭祖大礼，感谢它的大恩大德。这一习俗已延续了800年。

（故事节选自《南山采菊 汤溪古韵》）

村落简介

永康后塘弄村

后塘弄村

古山镇后塘弄村,位于永康市东北部,离城区约18千米。村庄四面环山,东西有出入口,一条小溪贯穿村中。《永康地名志》记载,后塘弄原名"厚唐",以厚传家之意,又因村处山弄间,有后塘一口,故名"后塘弄"。

吴绛雪舍生保永康

【巾帼英雄、大义护民】

吴绛雪（1650—1674年），女，名宗爱，字绛雪，明末清初永康后塘弄人。父士骐，曾任仙居、嘉善、嵊县教谕。吴绛雪自幼秉承家学，聪颖好学，9岁通晓音律，闻琵琶曲，即能随成唱和。吴绛雪10岁开始写诗，11岁便能作七绝《题睛湖春泛图》：

画桡缥缈欲凌空，两岸桃花映水红。

三十里湖睛一色，春来都在晓莺中。

该诗情景交融，见者赞赏。12岁时，她能以诗入画，设色精绝，书法也不同凡响，如此才华横溢，不免声名远播、名噪一时。吴绛雪绘画擅长花卉、人物，兼善写生，传世画作有《梅鹊图》《落英》等。吴绛雪不但诗书画三绝，而且姿容秀丽，有国色之誉。

康熙十二年（1673年），吴三桂、尚可喜、耿精忠三藩王叛乱，长江以南大半个中国烽烟四起。耿精忠在福建叛乱，派部将徐尚朝由闽入浙，叛兵不久便攻下丽水、严州等地，不日将进犯金、兰。前锋已抵达永康，传令日夜围攻，3日内将破城，并扬言攻城之日便是屠城之时。永康城内百姓人心惶惶，当地士绅以巨金犒士，以保永康民众安全。徐尚朝却说只要吴绛雪一人，"绛雪朝来，永康夕解"。原来徐尚朝早就羡慕吴绛雪的才

吴绛雪肖像

华姿色，得知绛雪新寡住在永康娘家，故此索要。

此时的吴绛雪因父亲病故在娘家后塘弄村，3日前又得知外出求官的丈夫客死他乡，此时正处悲伤中。正可谓"屋漏偏逢连夜雨"，听闻此事后，妹妹素闻坚请绛雪偕赴嘉兴暂避。绛雪说，我与你姐夫结婚3年，尽管生活不富裕，倒也夫唱妇随。你姐夫远赴他乡，如今生离死别，叫我如何安生？原道只等老仆归来，凄然一恸，那时再三尺白绫，携游太虚，又有何可留恋呢？现在一波未平，一波又起，我若一走，那如何对待得起永康之百姓，如今正是死有所值。你是有家室之人，应该早日返回为是。他日太平，你取些纸钱麦饭来祭奠我夫妇，也成全了你我姐妹之情！"素闻听她语气坚决，知道无可勉强，只好洒泪离去。

永康清风崖

吴绛雪安排好家中诸事，又不慌不忙地刻意打扮一番，缓步登上停在门口来接她的青衣软轿。到了徐尚朝的行辕后，徐尚朝见到淡妆素服，不染纤尘，举步姗姗的吴绛雪后，欣喜若狂，立即下令停止围攻永康。吴绛雪严词拒绝了徐尚朝的种种非礼要求，提出要为刚故去的丈夫守孝三日，以及退出永康境内的要求。徐尚朝一一照办。

第二天，徐尚朝率部撤出永康，军队往杭州方向徐徐开拔，吴绛雪骑马随行。第三天，当军队走到距永康50多里处，但见此处悬崖绝壁，险峻异常。山中只容一人一骑，便问此处为何处？军士道，"此乃桃花岭清风崖。"吴绛雪心道，此乃安身之处。于是，她借口口渴，令身边军士去取水，趁护送者不备，纵马驰向山崖，一代才女，为保全一县万千百姓而香消玉殒。叛军感叹其刚烈义气，未再返回永康屠城。

后人感佩吴绛雪之大义，在跳崖处建亭立碑纪念。道光年间，永康县丞在《桃溪雪》中记下此事，也有人把她的事迹写进传奇小说，有人为她作传，写年谱。

永康清风崖一角

（故事来源于俞樾曲园编《吴绛雪年谱》）

村落简介

汤溪东祝乡下伊村

甘露流芳

汤溪镇东祝乡下伊村,人称古城下伊,位于金华市西部,距金华城30千米,村庄面积500余亩,560户,1600多人。下伊村有着700多年的历史文化,自始迁之祖伊恭创基业于下伊村以来,伊氏祖先出过很多伟人并留下许多文化遗存。距下伊村庄西北1000米处,就是青杨山遗址,属金华市级文物保护单位。这里土名叫古城脚,相传是明朝前所筑的古城墙遗址。古老的银杏树代表着下伊村的兴衰荣辱,下伊村古建筑更是不胜枚举,大多是明清建筑,有思任堂、藩臣堂、恒德堂、贻谷堂(又称"铁皮门")、莘禧堂、六德堂、雨台屋,还有许多在土改时分给农户居住的民居。2019年6月6日,下伊村列入第五批中国传统村落名录。

"甘露流芳"励后人

【爱民如子、身先士卒】

在东祝乡下伊村的一个青石园大门上刻有"甘露流芳"4个大字。虽已年久,但字迹至今还依稀可辨,这几个字记载着下伊村的一份荣誉。

大约300多年前,下伊村有个名叫伊年禄的人,在福建祠安、永昌两地当县令。他为官品行端正,刚正清廉,深受当地百姓爱戴。

相传有这样一个故事,就在伊年禄任职期间,有一年连日干旱,土地龟裂,粮食颗粒无收,百姓叫苦连天。望着干枯的田野,伊年禄也心急如焚。

一天,天上突然下了一场像麦粉一样的东西,飘飘扬扬居然洒了一地。县令伊年禄得知后,也不知这是什么怪东西。但想到这饥荒年月,百姓若饥不择食乱吃起来,能吃尚可,如若有毒,岂不是害了百姓?

因此,他立即下令:"未经本官允许,任何人不准乱吃。"他自己亲自去到院子里盛了点,正要品尝。此时,边上的家丁拉住了他说:"大人,万万不可!若是此物有毒,那可如何是好?"家丁表示找个人去尝一尝是否有毒。

"不可,如是有毒,那人家岂不是失去性命?"伊年禄推开家丁,"吾乃当地父母官,百姓之父母也,又有哪个父母不爱惜自己的孩子呢?吾自应先尝。若是有毒,那也将损本官一人而已。"他抱着必死之心亲自尝了一尝,咦,没有什么味道,于是再多尝了些,感觉味道还有点鲜美。但是他也不敢大意,自己一个人先坐在堂前看书,等待毒性发作。

真是老天有眼,谁知这东西非但无毒,伊年禄还觉得人越来越清爽。那说明,这东西不但可以吃,还味道鲜美,且有提神之功效。既然证实可以吃,于是即刻下令:"落在谁家门前或基业上的就归谁家所有,公家地上由本县衙分配给落难到此的外地贫民。"

金华故事

号令一下，百姓无不欢喜，这真是久旱逢甘露。

后来当地百姓为了感谢他们的父母官，建了一座感恩亭，并请人题写了"甘露流芳"四个大字刻上金匾，供奉在亭中，逢年过节当地人就成群结队前来参拜。

伊年禄还乡故里后，下伊村人为了表彰自己太公的丰功伟绩，也为了鼓励后代，就在本村建了一座纪念堂，在园门上依样刻上"甘露流芳"四个大字。

下伊青阳山遗址

（故事选自《南山采菊 汤溪古韵》）

村落简介

兰溪诸葛八卦村

诸葛八卦村

诸葛八卦村位于浙江省兰溪市境内，市区偏西17.5千米，330国道从村的东侧通过，通往龙游、衢州的省道从北侧通过。诸葛八卦村整个村落以钟池为核心，形成天然的外八卦，村内现保存完好的明清古建筑有200多座。诸葛八卦村，位于浙江中西部兰溪市境内的群山中，据考证，该村是由诸葛亮第27代世孙诸葛大师于元代中后期开始营建的。有600余年的历史，仍保存完好，成为人们旅游访古的新去处。村落在8座小山的合抱之中，这8座小山的分布很像八卦的样子，形成外八卦；村中的楼宇建筑、街道八方呼应。"钟池"位于中心，似太极阴阳鱼图，8条小巷向外辐射，形成内八卦。

【金华故事】

不为良相，便为良医

【医者仁心、济世救人】

兰溪诸葛村是诸葛亮后裔聚居地，当时诸葛氏族人丁兴旺，大多遵循"不为良相，便为良医""良相治国，良药医民"的古训，沿袭祖授的药业经营。"天一堂"始建于1863年，由诸葛亮第47代世孙诸葛棠斋创办。

诸葛棠斋创办的"天一堂"药店，以"货真价实、诚信戒欺"为宗旨，以"修合虽无人见，诚心自有天知"为职业道德规范。他认为习药经商关乎性命、重在诚信戒欺，故而选用药材及加工炮制讲究精细，决不马虎，制作的饮片、丸、散、膏、丹，以选料道地、炮制精湛素负盛名。

相传，在清朝光绪年间，乡下有一盲人自觉身体虚弱，便进城想买"天一堂"的"全鹿丸"。结果误入别店，店主于是拿其他药店生产的"全鹿丸"给他，盲人一摸一闻，随即退出，连说："这不是天一堂"。路人问其何以得知，他答"该店给我的全鹿丸香气不钻鼻，触手不滋润，所以知道这不是天一堂的店"，路人无不叹服。原来，"天一堂"历来有"选药严格，讲究产地"的传统，尤其是"百补全鹿丸"，每年在制作时都选用雄性梅花鹿，并提前一月张贴广告，择

天一堂牌匾

吉日在店门搭台鸣炮，当众宰杀，并将配方公布于众。

某年，一孕妇因难产而深度昏迷，家人均以为母子双亡而极度悲伤，并准备办理后事。此事恰被"天一堂"一药工遇见，他见此孕妇虽脸色苍白，但下身流血尚鲜，所以心中有底，于是告知孕妇家人也许母子均有救，不妨去"天一堂"药店试一试。家人大惊，如果是身亡而移动尸体，那是民间大忌，但又将信将疑，抱着一线希望前去"天一堂"医治。坐堂医打开紧闭的牙关灌入药液后，不久即见孕妇呼吸加粗，顺利产下一男婴，母子平安。家人欲以重金酬谢，被婉言拒绝，此事一时被传为美谈。

"天一堂"除用药地道、加工炮制精良外，在配方上对药物进行分包，并附有药性说明，使百姓在方便使用药物的同时，又普及了药物基本知识，堪称服务之典范，美德远扬。因此，民间谚语称道："不吃天一药，死了喊冤枉；吃了天一药，死了没办法。"

诸葛后裔谨遵祖训，不为良相便为良医，救死扶伤，赢得了百姓的爱戴和信赖，而这一祖训现在还写在诸葛村的屋内柱子上，世代相传。

（故事节选于《信义金华经典故事》）

村落简介

兰溪水阁村

　　水阁塘自然村，距兰溪市北35千米，村中世居蒋姓。宋绍兴三十二年，青田县尉蒋弥远，因母忧辞告，回到水阁，被此地逶迤所诱适，决定在此建楼台亭阁，伴母就眷以尝天赐如画之风景，于是便建宅设院，号为水阁塘。后又建丰登桥一座于村北，以济行人，后改名万椿桥，即现在的公路桥。明万历年间，蒋氏族中出了可经国子博士蒋邑，自此朝赐水阁塘为嵩州。建门楼大厅，分南北八弄，东西"弓"字街布局，四房大厢并合建居，各房又建房头厅，分九个聚居区，尤以四房厅四塘为"门"中四爻之象，登嵩山俯瞰整个村呈"弥"字形，从此水阁街市形成。

蒋六山侠胆义行

【侠肝义胆、铁肩道义】

蒋倬章(1848—1925年),又名鹿珊,字六山、乐山,兰溪水阁乡水阁塘村人。他13岁中秀才,有"神童"之誉。长大后,鄙视功名利禄,以卖文取得川资,遍游中原、华北各省,考察民情及求师访友,以求匡国扶民,曾任金华一中的前身丽正书院主持。

蒋六山与鉴湖女侠秋瑾认识于1906年秋天。那时,秋瑾为同盟会浙江首领,从日本回来策划绍兴等地的起义,为推翻满清王朝打前站。蒋六山则于1904年加入了以蔡元培、章太炎创立的光复会,是该会核心层成员。他还与幼子蒋伟等一起加盟光复军,襄助金华龙华会张恭举事。

经朋友牵线搭桥,蒋六山与秋瑾在杭州西湖的一艘船上相见。秋瑾听了蒋六山对举义旗的一番高论,非常佩服,大有相见恨晚之意。两人击掌为誓:为推翻满清王朝抛头颅洒热血,不获全胜,决不罢休!

本在杭州主持金华、衢州、严州、处州四府公学的蒋六山,奉秋瑾之命回到老家水阁。他通过家人及徒弟和学生,秘密组织铁甲帮(水阁村四周的山峦俗称铁甲山)。

不到一个月,铁甲帮成员就发展到上千人。成员以水阁村人为主,附近的

蒋六山肖像

洪塘里、里胡、钟宅等村，也有一部分。蒋六山对成员约法三章：不得泄露秘密，不得寻衅滋事，不得叛变投敌。

为使铁甲帮有战斗力，蒋六山以防范土匪的名义分村寨训练铁甲帮成员，每个成员几乎都能使用刀枪。蒋六山还从永康等地请来著名的铁匠，打造竹叶刀。这种刀小巧玲珑，便于携带，攻击力也不小。

1906年12月，秋瑾在干将王文庆的陪同下，前来水阁看望蒋六山，了解起义军的准备情况。秋瑾虽然能文能武，并有随员，但蒋六山从她的安全考虑，把得意门生胡锦堂推荐给她。

胡锦堂出生于兰溪市马涧镇穆澄源村，曾拜少林寺高僧为师，形意拳等功夫深居火候，善用铁手飞抓。他曾向蒋六山学文，对蒋六山非常尊敬。胡锦堂按照蒋六山的安排，当了秋瑾的保镖，追随秋瑾一段时间。

1907年2月2日，秋瑾再次来到水阁。蒋六山在宅中设宴接待秋瑾。秋瑾诗性大发，当场赋诗《言志》，赠给蒋六山。蒋六山豪气万丈，拔出佩剑，在庭院中舞了一通。

遗憾的是同盟会的先驱徐锡麟在安徽举事失败，暴露了秋瑾的行踪。1907年5月，秋瑾被捕，在绍兴壮烈牺牲。蒋六山痛不欲生，想率领铁甲帮赶到绍兴营救秋瑾。在一位谋士的劝导下，他放弃

铁甲山

70

了这次行动,并悄悄解散了铁甲帮。

没有不透风的墙。蒋六山组织铁甲帮协助秋瑾之事被人告发,金华知府下令逮捕蒋六山。刘焜闻讯说情,免除了蒋六山的危难。刘焜是兰溪市香溪镇厚同村人,进士出身,时任翰林学士,他的习作曾得到蒋六山的点拨,两人有师徒之谊。刘焜也是光复会的成员,知悉蒋六山的内情。他对金华知府说,蒋六山组织族人训练,不是要造反,而是为防范严州等地的土匪。金华知府与蒋六山没什么过节,乐得做个顺水人情,放蒋六山一马。

辛亥革命胜利,中华民国成立。袁世凯抢夺了胜利果实坐了总统的宝座。为笼络人心,袁世凯给蒋六山颁发五等嘉禾章,蒋六山一笑置之。

1925年,八十高龄的蒋六山卒于家中。

(故事来源于《金华信义经典故事》)

村落简介

源东乡东叶村

施复亮故居

　　源东乡位于金华市金东区东北部，是一个半山区乡，四周群山连绵，海拔822米的双尖山为区域内最高山；中间相对平缓，形似盆地，数条小溪汇集至洞殿口流入孝顺溪。源东乡是典型的南方小山乡，风景优美，物产丰富，是金华市生态示范乡。源东乡还是革命老区。中共最早的党员之一施复亮的出生地叶村是源东乡一个自然村，现村内有施复亮故居，为县级文保单位。

施复亮强国之梦永不息

【锲而不舍、驰而不息】

施复亮（1899—1970年），原名施存统（施光南之父），出生在金华源东乡东叶村。施家世代务农，施复亮7岁开始就负责供给家用的大部分柴火。在春、秋、冬三季，除了下雨、下雪天，差不多每天他都要到那离村几里的山上去捡拾松毛和枯枝，每天六七次，多则八九次。

有一年春节，施复亮看到大门上贴着有"状元及第"四个字的门联就问母亲："娘，状元是什么东西？"

"状元不是东西，而是书读得最好，考中皇榜第一的人。只要考中状元，就可以光宗耀祖做大官。"

"我也要做状元，那我要怎么做？"

"要书读得好才行。"

"那么做了状元有什么好处呢？"

他母亲说，中了状元还可以连奏三本，要想怎样就怎样。他想，他要是中了状元，他就可以把那些贪官污吏都抓起来。从此，他对中状元着了迷，不但挂在嘴上而且状元梦连连。

1908年，施复亮10岁左右，村里办起了私塾。能上学读书，他十分高兴。读的第一本书是《三字经》，接着读《孝经》等一类书。他天资很好，读的书不但能背而且会意，明白其中的一些道理。他觉得私塾先生讲的"扬名声、显父母"和他母亲过去讲的是一样的。他就立志做一个孝子，同时更坚定了做状元的决心。可惜这个私塾办了不到一年就停办了。

1915年，日本强迫中国签订"二十一条"卖国条约，年仅十四五岁的施复亮气愤至极，誓报此仇。后来，他在《回头看二十二年来的我》中写道："我

源东的桃花林

读地理,读到被割被租的地方,则热血沸腾,誓要恢复它。我这时有一个野心,就是做一个大将……然后称霸天下。"当时他心目中的战将都是些有法术的人,孙行者便是最合适的。他认为如果有了孙行者的法术,足可战胜枪炮。

施复亮高小毕业后,因家境原因不能继续升学。大娘舅对他说,帮他在银行里找了一份工作。可他不愿去,因为这时候的他已懂得"国破家危"的大道理,"为家的热度已不及为国的热度高",他想"做一个做好事的军官",来维护共和政治,实行强国主义。

1918年,他考上了浙江省第一师范。放榜那天,高兴得不得了。晚上躺在床上左思右想睡不着觉。想到自己从七八岁以来,做了很多励志的美梦:中状元、做清官、当大将,甚至要做大总统……现在看来,这些美梦虚无缥缈,是难以实现了。他清醒地认识到,目前最现实的是上好师范学校,将来从事教育事业。但他仍然心高气盛,不想只做普普通通的教书先生,而要做一个有创造力的大教育家。这是此时他为自己立下的新目标。

1918年下半年,19岁的施复亮进入浙江省第一师范学校学习。在学校,他

接触了《新青年》，受教于思想进步的新派人物夏丏尊、陈掣道、刘大白、李次久等人，思想又发生巨大变化。1919年11月7日，他因在《浙江新潮》上发表了《非孝》一文而一鸣惊人，因此引起了轰动一时的"一师风潮"，为伟大的五四运动推波助澜。1920年6月，他与陈独秀等人参与了中国共产党的筹建工作，成为我国最早的一批党员，踏上了新的征程。

有梦想，才有前进的动力。多梦少年施复亮就是这样追求自由、追求真理，寻找救国之路的。

（故事参见吕学姜《古婺遗韵》及源东乡供稿资料）

村落简介

澧浦镇里郑村

民国黄乃耐私立小学外观

　　里郑村位于澧浦镇东北角,是个古老的村落,迄今已有800多年历史。据《东溪郑氏宗谱》载,南宋年间,村祖郑懋见此地山林资源丰富,土质肥沃,就在山林里搭铺安家,后发族成村,因村坐落在山垄里,村名遂称里郑。

　　在村的西南边,有一幢民国建筑,它是里郑人的骄傲,建筑的白墙上留有"私立乃耐小学"的字样。这是20世纪20年代,黄宾虹的二妹黄乃耐兴教所办,如今里面陈列着她及黄家诸人的照片等史料。

"建国老太太"黄乃耐

【育才造土、为国之本】

教育乃国家之根本，国家的富强离不开源源不断的人才培育，故而一些有资金实力的有识之士都致力于地方教育。可如今却有这么一位乡下小脚老太太，她大字不识，却用自己多年积蓄撑起了一所学校，为国家培育人才，人称她为"建国老太太"。

黄乃耐（1876—1942年），小名囡囡，金华人，祖籍安徽歙县，是国画大师黄宾虹之胞妹。黄乃耐出生十余天，即被送到灵岳乡里郑村郑家作童养媳。长大后，以勤劳著称乡里，婚后生两子皆夭折。丈夫另娶，她被遗弃。她晨磨豆腐，日间耕地，晚上纺纱，艰苦度日。她尝够了不识字的苦，很羡慕读书人，看着村里的孩子没有书读，和自己一样"目不识丁"，便想拿出自己的钱，请一位教书先生，盖一幢房子、兴办学校，教孩子们读书，让山里娃通过学习来改变命运，进而改变里郑村的命运。

黄宾虹十分赞同她的想法，并捐出了助学办校的经费，四哥黄元秀也竭力赞助。黄乃耐天天夜里点着半明的松明灯纺纱，常年吃青菜汤饭，攒下的钱都用来办学行善。1921年，她捐资兴办的私立乃耐小学落成，学校占地面积300平方米，建筑面积200平方米，呈"目"字形、共二进，二进之间有小天井，第一间为教室，第二间为小礼堂。校舍为砖木结构单屋建筑，有天花板，整体布局精致合理，当时被称为"洋学堂"。开学时，孩子们高高兴兴地挤在小礼堂里，等校长上台讲话。黄乃耐涨红着脸说"请老师们辛苦点教好学生，孩子们认真点学习好"，说完便像逃跑般一溜烟回家喂猪去了。

黄乃耐除了热心无私之外，最难能可贵的一点就是懂得坚持。

"很多孩子上课上到一半就会被抓回家干活，家长常常是一边拎着孩子的

耳朵，一边骂老师和黄乃耐，说是孩子读书把心读野了。"每当遇到这种状况，黄乃耐就会宽慰老师，顶着家长的骂声讲道理。时间久了，家长理解了她的苦衷，学生人数就渐渐稳定了。三年后，学校正式更名为私立东源小学。

1938年，浙江省立贫儿院从杭州迁到里郑。黄乃耐热心帮助，将贫儿院与东源小学合并。一、二年级学生在东源小学读书，三、四、五、六年级学生被安排到里郑祠堂学习。

1939年，当时的国民政府规定，私立小学一律以创办人命名。黄乃耐原来只有小名，即"奶奶""囡囡"，没有大名，四哥黄元秀考虑她耐劳、耐苦、耐怨，便替她取名叫"乃耐"，学校于是正式更名为"私立乃耐初级小学"。

私立乃耐小学

抗战期间，乃耐小学的教学工作一直未曾停顿，而且附近村庄的孩子也来上学，学校由一个教学班扩展到两个，教员也由一名增加到两名。杭州贫儿院迁离后，留下一名毕业生协助办学，黄乃耐则帮其娶妻成家，亲同母子。

1942年年底，黄乃耐因积劳成疾去世。临终前，她再三嘱咐：倾其所有兴办公益事业。哥哥黄元秀依嘱将她的遗产，包括田9石6斗、旱地4片、山林2处全部充作校产。

从1921—1949年，乃耐小学共培养了初小毕业生近300人。里郑村全村学龄儿童免费入学，邻村的一些儿童也在这里接受了免费教育，造就了一大批可用人才。从乃耐小学走出去的学生，有的当了校长，有的成了科学家，里郑人郑珊

珊，就是我国著名微生物学家。

　　黄乃耐兴办义学的善举也受到社会各界赞誉，金华县政府为她颁发"乐育英才""热心公益"匾额两方，当时的《东南日报》以半版篇幅发表了《胼手胝脚、克勤克俭、含辛茹苦，廿年如一日——一位目不识丁的兴学老太太》的长篇通讯，并配发短评，赞誉她为"建国老太太"。

　　　　　　　　　　（故事选自《一方水土一方人：走进澧浦》）

义乌市分水塘村

陈望道故居

　　分水塘村位于义乌市西北部的大峰山、大草坪脚下。分水塘村四面环翠，林森蔽日。村后有一龙山岗，相传神龙自大峰山而下，伏于此。分水塘即为神龙喷水济世而成池。义乌、浦江的土地神争而欲得之。玉皇大帝降旨：水出东西，分润义浦。由此，高高一池塘，滢滢三千方；西流泽义乌，东灌润浦江。水出东西，故名分水塘。2019年12月25日，分水塘村被国家林业和草原局评为"国家森林乡村"。

真理的味道有点甜

【废寝忘食、星火燎原】

1921年,陈望道受到戴季陶的邀请,翻译《共产党宣言》,陈望道留日时看过日文版的《共产党宣言》,出于对马克思主义的崇敬与信仰,他欣然应承。

陈望道勇担重任,并力求达到最好。为了达到精确翻译,他不仅参考了日文版的《共产党宣言》,还认真对照了英文版的。为了有一个安静的环境,陈望道回到老家义乌分水塘村,开始了《共产党宣言》的翻译工作。南方山区的春天,夜里依然寒气袭人,加之坐的时间长了,手脚冰冷至发麻酸疼。陈望道毫不介意,时时刻刻聚精会神斟词酌句,一丝不苟。

有一天,陈望道的母亲心疼废寝忘食的儿子,送来粽子给他当点心充饥,外加一碟红糖,用来沾粽子。过了一会儿,母亲在屋外喊:"红糖够不够,要不要我再给你添一些?"儿子应声答道:"够甜,够甜的了!"过了一阵,母亲来取碗筷,惊奇地发现儿子满嘴乌黑,红糖却是原封未动。老人家爱怜儿子又带几

陈望道

分生气,问道:"吃完啦,这糖甜不甜呀?"陈望道仍浑然不觉,头也不抬地说:"甜,真甜!"母亲无奈地笑笑说:"你倒是自己看看,墨汁都被你蘸完啦。"陈望道这才意识到自己蘸的不是红糖而是墨汁,哈哈大笑。

经历了一个多月夜以继日的工作,到当年4月底,陈望道完成了《共产党宣言》的翻译工作。同年5月,陈望道将《共产党宣言》中文全译本书稿带到上海,交由陈独秀和李汉俊校阅,他们无不为此赞叹:短短的一个多月,陈望道竟完成得如此出色。几个月后,1000册中译本《共产党宣言》在上海出版,成为当时国内流传最广、影响最大的一部马克思主义经典著作。

陈望道后来成为了我国著名的教育家、翻译家,他误把墨汁当红糖的故事也一直流传至今,而他做学问专注、痴迷、一丝不苟的精神也一直影响着后人。

(故事来源于《八婺红色故事》,浙江新闻网)

『金华故事』

社会篇

"自由、平等、公正、法治"是从社会层面对社会主义核心价值观基本理念的凝练，更是对美好社会的生动表述。第二层次社会价值观既是第一层次实现的手段和方法，更是中国人民对地区安定与发展的渴求和企盼。

本篇收集了一些维护社会安全、以法治国、保障地方安定的故事，以此体现社会主义核心价值观中的社会安定和繁荣的梦想。故事里既有千百年来人们遵循自然规律、尊重地方习俗的例子，也有人们与自然抗争保障地方和谐稳定的例子，而这些都是人们对社会最真切的需求表现。

村落简介

金华沙畈乡亭久村

亭久村虞氏宗祠

　　亭久村，原名停久，位于浙江省金华市婺城区沙畈乡，有着悠久的历史文化，是白沙老爷卢文台的久驻之地。目前，村内共有180户人家，村民共480人。村内最早的原住民姓蔡，而目前已无蔡姓，原住民以虞姓为主。亭久村山林面积3350亩，耕地面积179亩，村集体收入在4万元左右，村内百姓收入来源主要有毛竹、花卉苗木、茶叶、来料加工。现今，村内大多数年轻人选择走出大山，外出创业。

卢文台白沙筑堰

【治水造堰、造福地方】

据2020年3月相关新闻报道，婺城区"白沙溪三十六堰"成功入选2020年度世界灌溉工程遗产候选申报名单，全国仅有四处入选该名单。"白沙溪三十六堰"位于婺城区琅琊镇，是一处有1900多年历史的古水利工程。三十六堰今犹在，但已不见当年修渠人，这一诞生于东汉时期，至今仍在造福沿岸百姓的水利工程，相传由"白沙老爷"卢文台率人修建。

东汉时期，现金华所在地被称为长山县。公元60年，东汉初年辅国大将军卢文台，因不满朝政，挂冠弃职，率部下36人出宜阳（洛阳西南）下江南。卢文台一行晓行夜宿、走走停停，行至今日婺城区沙畈乡一处被称为辅苍的地方（现亭久村），发现目之所至，处处野花灼灼、芳草萋萋、虫鸣兔奔、蝶舞蜂飞，满眼葱郁闲静之景。为此，卢文台停住脚步，挥手命快步前行的军士止步，并道："这次我们急流勇退，不就是要找个地方隐居，过平静安稳的日子吗？"众军士答："对啊。"卢文台又问："这一路南下已有几十日，路过数地，大家看此地如何？"

众人朝四面一看，个个叫好。有人说："此处地势开阔野草蛮长，开荒挖地种粮极好。"也有说："这地山青青，可以砍柴烧饭，水清清，方便浇田灌地。"大家你一言我一句皆称此地佳。卢文台见此便点点头说："好，既然如此，那我们就在此地安家。"此后，卢文台亲自规划布局，种地、搭房、开沟引水，军士从附近老百姓家借来钩、锄头，说干就干，砍山竹、割茅草、平地基。其后，又"化剑为锄"，各人佩带的宝剑，除留下几把防兽外，皆打成锄头钩刀及烧饭炊具。大伙齐心合力，很快便在这里安下了家。时间一长，在卢文台的带领之下，大家的田地越来越多，此后，这个新开发的地方被称为卢畈。

当时卢畈境内有一溪名为白沙溪，此溪晴则旱，雨则涝，致使当地连年灾荒，两岸百姓深受其害，不得安宁。卢文台目睹此状，觉得金华、兰溪、汤溪要富，必须治理白沙溪。于是他率部将和当地百姓利用河流水势落差拦水筑堰，堰坝成一字形，开渠引水灌田。这一工程自卢文台开始，前后延续178年，他及他的后人与当地百姓先后共建成三十六堰，使原来的白沙溪流域农田成为自流灌溉、旱涝保收的沃野、粮仓，沿岸120多个村受益。尤其是三国吴赤乌元年（238年）大旱，周边许多地方禾苗枯焦，颗粒无收，而白沙溪流域两岸因有三十六堰之水灌溉，获更大丰收。当地百姓对卢文台感恩戴德，怀其惠，立庙以祭，敬称"白沙老爷"。今天，尽管时空跨越近1800年，白沙古堰却依然发挥着强大的灌溉功能，并将继续恩泽沿岸百姓。

卢文台为人正直忠义，不恋高官厚禄，甘居穷乡僻壤，结草为庐，化剑为锄，垦荒种地，治水造堰，致富一方，是位了不起的历史人物。

白沙古堰一景

白沙溪石碑

　　白沙溪，又名白龙溪，位于金华市婺城区西南部，发源于遂昌、武义两县交界处的狮子岩，从沙畈溪口门阵入境，接纳银坑溪、大铺水、左到源等支流后流入沙畈水库，经金兰水库后，又流经琅琊镇、白老桥古方村、新昌桥村，直至乾西乡石柱头入婺江，主流长约65千米。

（故事来源于婺城新闻网、浙中在线网）

村落简介

社会篇

义乌赤岸镇神坛村

赤岸镇神坛村村口

赤岸镇神坛村红色一角

赤岸镇神坛村，位于浙江省义乌市南部，距义乌城区29千米，北靠上、下八石村，南连新屋村，东邻胡坑里，西与倍磊乡接壤。神坛村清朝时属双林乡廿六都，民国时属赤岸乡，20世纪50年代初属八石乡，在1955年为八石高级社，1958年被称为神坛生产队，1966年改称必胜大队，1981年复称神坛大队，1983年改名为神坛村。该村下辖神坛、黄坡头2个自然村，是村委会驻地，隶属于赤岸镇。2019年12月31日，神坛村入选第二批"国家森林乡村"名单。

毛陈师擒魔安民

【为民除害、护佑百姓】

相传有这样一个故事，在浙江省义乌市南面，今赤岸镇西部，有一个山环水绕景色优美的小村庄，这里肥沃的土地、宜人的气候，孕育着一代又一代勤劳善良的百姓。他们日出而作，日落而息，过着安详宁静的生活。在几十户人家当中，有一位年逾六旬的老人，老伴早年过世，与其名叫毛陈的外孙相依为命，爷孙俩在村西一块叫风流坎的山坡上，以耕种为生。

一日，毛陈与往常一样在自家的庄稼地里劳作，劳累时，便坐在田塍边休息。无意中，他发现空地上有一颗圆溜溜的药丸，毛陈拾起药丸放入口中，顿觉神清气爽，于是，他毫不犹豫地将药丸吞下。刹那间，毛陈只觉浑身燥热，随即产生飘然之感。后来，据老人们讲，那颗药丸是某位神仙不慎遗落的仙丹。就这样，毛陈在不经意中得道成仙。得道后的毛陈利用法术解民之困，为民造福，被当地人尊称为毛陈师。

村北山上，有一凶猛的"怪兽"，白天躲于洞中，夜晚下山活动。它不但捕杀家禽、家畜，还常坑害人命，使附近一带的村民晚上不敢出门半步。为了村

里百姓能过上安定的生活，毛陈师主动请缨，单枪匹马上山捕杀"怪兽"，他在山中设一神坛，与"怪兽"斗法。最终，他凭借精湛的法术将"怪兽"活捉，使其显露原形。

毛陈师智斗并生擒"怪兽"，为民除去一大害，这一消息不胫而走，群众无不为之欢呼雀跃。于是，毛陈师名声大震。毛陈师死后，村里人无不悲痛万分，他们将他的尸骨安葬在他设坛与"怪兽"斗法之地，并将村名改为神坛村。在此之后，每年一到斗法这一天，村民们都要上山敬香，以表对他的怀念之情。

（故事来源于义乌在线网）

村落简介

磐安县马塘村

古茶场外景

玉山镇马塘村位于磐安县大盘山北麓的玉山台地，海拔520米，离磐安县城50千米。村庄地势平坦，交通便捷，磐仙线、怀万线沿村而过。村庄历史文化底蕴十分深厚，境内有中国唯一现存的古代茶叶交易市场遗址、全国重点文物保护单位——玉山古茶场，以及国家级非物质文化遗产——"赶茶场"。全村现有农户241户、村民657人，以周姓为主，耕地总面积547亩（其中水田366亩、旱地181亩），山林总面积1911亩，茶叶总面积757亩，农产品以茶叶、茭白为主。

"不住蓬蓬社鼓声，游人杂还香成市。

茶场庙会春草生，茶场山下春昼晴。"

"十月中旬报赛忙，茶场卜得看场狂。

裁罗百幅为旗帜，高揭旗杆十丈强。"

以上两首诗皆出自《玉山周氏宗谱》的《玉山竹枝词》，分别描写了磐安县国家级非遗"赶茶场"春社、秋社时的盛况。几经春去秋至，茶场庙香火依然鼎盛，多少寒来暑往，那些流传在茶园里的故事还是如此动人心弦。

许逊游历助茶农

【助力地方经济】

相传，晋代时，玉山地区的百姓种了许多茶树，却因地处偏僻，信息不通，同时农家老百姓又缺乏加工炒制技术，采下的茶叶销售无门。万般无奈之下，许多当地人忍痛砍了茶树当柴烧。

一日，有位道长云游来到此地。当地人质朴好客，见道长到来，一位大嫂便将他请进家门休息，拿出家中茶叶泡了一杯香茶，端给道长。道长喝茶后不由连连赞道："此茶清香扑鼻，喝过唇齿留香，实乃茶中极品。"正当午饭时间，

【金华故事】

道长见大嫂家中拿一捆捆茶树当柴烧，想起清口香茶，惊问其故。大嫂及周围的人见道长仙风道骨，神清气爽，知其定非等闲之辈，就细诉了其中原委。

随后，道长认真验看各家百姓的茶叶，又攀上茶山观察尚存的茶树，更是再次仔细品茶。细细了解分析后，道长同众人说："此地的水土十分适宜茶树生长，因而所产茶叶内质极佳，但因为大家缺乏制茶技艺，故而影响了茶叶后期成品的卖相和口感，所以茶叶总是卖不出去。"百姓听后都觉有理，随之纷纷央求道长是否可传授制茶技艺。这位道长本就是位爱茶之人，同时也为村内百姓的勤劳、真诚而感动，看到他们衣衫褴褛、生活艰难，决心帮他们一把，同时也能向外传播这品质上佳的茶叶。

自此之后，他就在村内住了下来，亲自示范采茶之法，进而手把手地传授村民茶叶炒制技术。道长说，茶一芽称为"连蕊"，二芽为"旗枪"，三芽为"雀舌"，茶芽要鲜嫩而质重，须牢记"早采三日是宝，晚采三日是草"。道长还传授说，茶的饮用、加工都要"师法自然"，讲究"五行协调""天人合一"，烹茶的水要用泉水、江水、井水或"无根水"（就是自天而降的雨露），要求自然和精神的和谐，人们在饮这样的茶时，将与自然山川融为一体，茶壶中可装天下宇宙，可看乾坤。当地百姓得到道长传授的茶叶精制之法，所制茶叶品质上乘，一路畅销。玉山百姓深深感谢道长恩德，挽留他在村内长久住下，但道长志在天下山水，谢绝了大家的一片盛情。

离去时，道长带了一些在村内助茶农时研制出的、被后人称为"婺州东白"的茶叶。据说，道长后来云游至某地刚好碰上疫病流行，他让道徒把所带的玉山茶叶煮作茶汤赐人，遏制疫病，令人惊奇的是病人真的都治好了。之后，道长派道徒四处施茶游说此历史名茶——"婺州东白"。从此，各方茶商慕名前来购销，磐安玉山茶叶供不应求。这以后，买茶的客商纷至沓来，玉山茶叶声名远播，再也不愁卖不出去了。道长离村不久后，玉山当地茶人才知晓，原来这位对茶叶有如此渊博知识的道长，就是道家大名在外的"真君大帝"许逊。玉山百姓因心中感激道长对当地茶叶的扶助，就将道长奉为"道家茶神"，并在当年"真君大帝"许逊亲自栽培了许多茶树的一个山岙里，建茶场庙，内立真君茶神像，世代祭之。

为何原建在山岙中的茶场庙后来又迁移到了村里？相传，在宋朝年间，某夜天下大雪，第二天早上，雪已有半尺之厚。早起的人们发现，有一行清晰的脚印从当时的茶场庙走到现在的茶场庙处便神秘地消失了，地上只留下一片瓦。事情一传开，村内议论纷纷，这脚印到什么地方去了呢？村民们纷纷猜测是"真君大帝"许逊显灵了，他肯定是认为新的庙基更好，想迁移到这里来。后经商量，大家一致认为许真君既然有重选庙基的意愿，就按他的意思做。于是决定把"真君大帝"庙迁移到现在的地方。许逊对百姓有恩，大家建殿的热情都很高，不久就在现在的庙基上重新建造了茶场庙。新茶场庙建好后，当地年年风调雨顺，玉山的茶叶市场迅猛发展，并以茶场庙为中心，形成颇具规模的茶叶交易市场。当地百姓还在茶场庙旁建了茶场，统一管理茶叶的生产制作和销售。同时，人们祭拜"茶神"的兴致也日渐高涨，民俗文化活动的形式日渐丰富，"赶茶场"的人气之旺更是超过了以往。

古茶场内景

许逊（239—374年），字敬之，南昌县（一说颍川汝南）人。晋朝时期著名道士，道教净明派祖师，尊称"许天师""许真君"，与张道陵、葛玄、萨守坚并称为"四大天师"。孙吴赤乌二年（239年），生于南昌县长定乡益塘坡（今江西南昌县麻丘乡）。太康元年（280年），举孝廉出身，出任旌阳县令。不慕名利，弃官东归，修道炼丹于西山，著书立说，创立"太上灵宝净明法"。

（故事来源于磐安旅游网）

村落简介

社会篇

金华洞前村

洞前村是金华市级农家乐特色村,位于国家4A级旅游区双龙风景名胜区的核心景区,距金华市区15千米,海拔800米,全村有农户286户,村民450人,山林面积5123亩,森林覆盖率达90%以上。村内风景秀丽,人文资源丰富,有著名的双龙洞、桃源洞、国内第一溶洞瀑布——冰壶洞、道教圣地——黄大仙下宫及村集体与村民自愿集资新开发的双龙古堡等。该村拥有得天独厚的环境资源,夏季温度比市区温度低7~10度,素有"天然氧吧""避暑胜地"之称。村内拥有丰富的野菜资源,盛产野生马兰头、水芹菜、撅菜、苦叶菜、山笋、野芝麻等野生菜。洞前村是旅游避暑、休闲度假的好去处。洞前村为游客举办多项农事娱乐活动,并开发了一些供游客游玩的旅游景点。

金华故事

双龙窃水救灾民

【窃水救灾、保护生民】

古时，双龙洞的外洞顶部无龙头，内洞壁无龙身，内洞与外洞也隔绝不通，洞不知称作何名，与现在景象大相径庭。那么，现在洞中二龙从何而来？内外两洞又因何相通呢？在民间，流传着这样一个故事。

相传在很久以前，双龙的内洞本是个"香露池"。池中香水由王母娘娘用金华山的无数金花泡制而得，为王母及仙女们驻颜所用。王母娘娘万分宝贵这池香露，特地派出小黄龙与小青龙两位心腹大将日夜把守。

一年夏天，金华一带两月无雨，青松发黄、庄稼枯萎，百姓就像涸辙之鱼，为能继续生存，山里山外的老百姓不得不涌向金华山找水。其中有一群百姓背着锄头镐斧，挑着畚箕水桶，自双龙南的"源里溪"而入，沿着干涸的涧溪一路溯涧上金华山。当他们来到涧的源头时，发现了一个隐蔽的山洞。众人见山洞后壁处有一片湿土，湿土上还长有数丛嫩弱的石菖蒲，便认定此洞内有水，随即众人便挖的挖、挑的挑，大干起来。一连干了三天三夜，上面的湿土挖光了，下层的沙石挑尽了，却仍不见一滴水，要想再挖时，一道铁板似的石壁挡住了他们的去路。正当众人无奈之际，石壁下突然发出"咕嘟咕嘟"的响声。举目看去，只见石壁间有块碗大的石头像正在被棍捅着的塞子，慢慢向外移动。突然"哗啦"一声，一股泉水喷出成为巨流，沿着涧溪滚滚奔向山外，引来百姓的阵阵欢呼。

原来求水百姓的挖土声与伤心的哭泣声，惊动了里面把守"香露池"的双龙兄弟，他们同情百姓们的遭遇，经合计后决定"窃水救民"。在百姓向里挖的同时，龙兄弟也扬起铁爪拼命向外挖。石一寸寸减薄，龙兄弟的爪一节节被磨破，而当百姓们绝望痛哭时，龙兄弟终于冲破了石壁，放出了王母娘娘的驻颜香水。

　　滚滚的泉水滋润了即将枯死的庄稼，救了在旱灾中挣扎的金华百姓，同时也沟通了内外两洞。然而，不惧生死、一心为民的小黄龙和小青龙，在最后一刻用头撞石壁开洞时，就因力尽而殉难了，留龙首于外洞，留龙身于内洞。

　　后来，百姓们得知"窃水救灾"原是这对龙兄弟所为，便把这个内外相通的大山洞命名为"双龙洞"，以示对双龙兄弟的永远纪念。

双龙洞洞口

双龙洞洞内

【金华故事】

　　金华双龙洞位于金华北山双龙风景区中心，成洞于一亿年前，属岩溶景观。双龙洞以洞中有洞、卧船入洞为特色。外洞宽敞高广，可容千人，洞口两侧分别挂钟乳石一青一黄，酷似两龙头，而龙身侧蜿蜒藏于内洞，故名"双龙洞"。内洞深幽，有众多钟乳石形成的景观，沿水道可直通"冰壶洞"。所谓"洞中有洞洞中泉，欲觅泉源卧小船"，这是有别于其它岩溶溶洞景观的最鲜明的特色。双龙风景名胜区是首批国家AAAA级风景旅游区，主要景点有双龙洞、冰壶洞、朝真洞、桃源洞、金华观和黄大仙主宫等。

（故事来源于浙江在线，作者朱浙萍）

村落简介

社会篇

金华鹿田村

鹿田村全景

　　婺城区罗店镇鹿田村，位于金华市区以北，双龙风景名胜区、国家森林公园区域内，距金华市区20千米，海拔620米，全村86户农户，村民207人，山林面积1723亩，耕地面积85.5亩，森林覆盖率达80%以上。村内不仅有层峦叠翠、郁郁葱葱的秀丽风景，如被写入世界吉尼斯纪录的溶洞瀑布——仙瀑洞、可供游客游览垂钓的鹿湖水上风景区，还有丰富人文资源，包括享誉东南亚地区的道教圣

地——黄大仙祖宫、市级文物保护单位——鹿田书院。同时，鹿田村作为明清贡品"婺城举岩茶"的原产地，采茶、品茗等活动更是让茶文化爱好者趋之若鹜。得天独厚的地理环境和森林气候（与市区温差7~8度），孕育了鹿田村丰富的野菜资源，该村盛产野生马兰头、水芹菜、蕨菜、苦叶菜、野芝麻等野生菜，更有红烧野鸭、清蒸野鸡、酱爆石蛙等特色野味佳肴，是旅游避暑，休闲度假的好去处。

鹿田水库

玉女小鹿绘和谐

【地方传说，人与自然和谐】

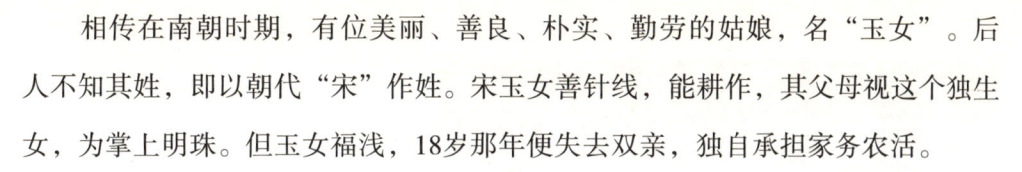

相传在南朝时期，有位美丽、善良、朴实、勤劳的姑娘，名"玉女"。后人不知其姓，即以朝代"宋"作姓。宋玉女善针线，能耕作，其父母视这个独生女，为掌上明珠。但玉女福浅，18岁那年便失去双亲，独自承担家务农活。

有一年春天，连日暴雨，玉女惦记着涧畔的麦子，于是荷锄冒雨前往排水。刚到涧畔，她便听到后山山洪暴发的"隆隆"巨响。就在此时，她隐约听到"哗哗"的水声中夹杂着动物"叽叽"的惨叫。玉女循声望去，只见一只小鹿在洪水中挣扎，"叽叽"声好像在喊："好心人，救救我，救救我！"玉女见小鹿可怜，没多想，就跳入涧中，冒着生命危险将小鹿救上岸来。

玉女将小鹿带回家。因小鹿的腿受了伤，她便到山中采药为小鹿治伤，还与小鹿分享自己的食物。在玉女的精心调理下，小鹿的腿伤不久就痊愈了。从此，小鹿便居于玉女家，和她形影不离，更成了她的得利助手。

春耕育秧时节，玉女开始修复被洪水冲垮的田地，聪明的小鹿用角撬石帮玉女垒田埂，用双角挑竹筐帮玉女运田泥。玉女有了小鹿这个好帮手，很快就修好了冲垮的农田。耕田时，玉女正想去借牛耕田，这时小鹿帮玉女拉起了犁。

秋去冬来，金华山连降大雪，齐膝的积雪封住了大家进城的道路，时间一长，玉女和乡邻们都缺油少盐。为此玉女决定下山为乡邻们购买油盐。正要出门，小鹿绕膝而鸣，用角勾住玉女手中油盐罐，玉女便知道小鹿想替她进城采购，于是就把钱袋也挂到鹿角上，吩咐小鹿采买的内容。只有半天，小鹿便买回来油盐。从此，小鹿一次又一次地帮玉女和乡邻们到城里购买油盐，解决了大家的后顾之忧，也赢得了大家的喜爱。

一天，小鹿又进城为玉女及乡亲们购物，可是直到天黑也没有归来。玉

金华故事

女和乡邻们心急如焚，就到村前的一山峰等候，可一连半月，也不见小鹿的身影。原来，那天小鹿下山后经过"官田岭"，被村中的一懒汉抓住了。懒汉逼小鹿今后为他效劳，小鹿坚决不从，并用尖角拼死抵抗懒汉的棍棒抽打，懒汉一怒之下将其杀害。村内百姓得知小鹿因懒汉而亡后，无不愤怒，皆与其断绝往来并设法将懒汉赶出村外。

后来，村民把玉女望鹿归来的山叫做"白望峰"，并为她塑石像以示纪念，而鹿田村也因纪念耕田小鹿而得名。

不只人类有感情，动物也有情感，动物通晓人性，人与动物之间可以建立深厚的情谊。地球不只属于人类，也是动物的家园。人类没有权力夺走它们的家园、自由和生命，而应该和动物和谐相处，尊重和珍惜它们，只有这样才能构成千姿百态、和谐自然的世界。

玉女雕塑

（故事来源于浙江在线网）

104

村落简介

义乌佛堂古镇

佛堂古镇街口

　　佛堂古镇隶属于浙江省金华市义乌市，距离义乌国际商贸城约15千米，位于浙江中部，义乌市南部，是中国历史文化名镇、全国25个"经济发达镇行政管理体制改革"试点镇之一和浙江省27个"小城市培育"试点镇之一。全镇区域面积134.1平方千米（其中耕地面积32.8平方千米），辖6个工作片，106个行政村，1个社区，户籍人口8.2万人，常住人口121388人（2017年），是义西南经济、文化、旅游发展中心，义西南产业带的重要产业组团。

　　佛堂古镇因佛而名，因水而商，因商而盛，历史文化底蕴浓厚，素有"小兰溪"之称，享有"千年古镇""清风商埠""佛教圣地"的美誉，为浙江四大

古镇之一。除此之外，佛堂古镇还荣获中国历史文化名镇、中国传统建筑文化旅游目的地、全国文明镇、全国环境优美乡镇、浙江省非物质文化遗产旅游景区非遗主题（实验）小镇、浙江省特色商业示范街、经济发达镇行政管理体制改革试点镇、浙江省"小城市培育"试点镇等荣誉。2018年5月24日，佛堂古镇入选最美特色小城镇50强。2018年重新确认为国家卫生县城（乡镇）。

佛堂古镇老街

达摩渡磬救众生

【普渡众生，佛堂古镇的来历】

佛堂古镇，作为浙江四大古镇之一，已有1000多年历史。关于佛堂古镇的来历，有着一段传奇的故事。

据《傅大士文集·嵩头陀传》和《（嘉庆）义乌县志》记载，相传在南北朝时期，天竺国有位嵩头陀，名叫达摩，在南朝梁武帝天监年间（502—519年）云游到了乌伤，见此处民风淳朴，遂在此弘扬佛法，普度众生。后来，达摩路经松峭山，与梁朝侍郎乌伤人楼偃相遇，两人志趣相近，谈得很投缘，于是达摩就邀请楼偃次年回乌伤募建香山寺，楼偃欣然应允。寺建成后，达摩就成了寺中的方丈。

梁普通二年（521年）3月14日，达摩到附近村庄参加斋会，斋会结束后，达摩将启程云游各地，众人苦苦相留，达摩说："贫僧缘会而来，缘尽而去。"众人见达摩去意已决，只得挥泪送别。

达摩向南而去，到了江北丘陵一带，由于连日暴雨，江水猛涨，有的堤岸已冲开缺口，洪水无情地淹没了田野，地势低洼的村庄也浸在水中，村民有的爬至屋顶，有的爬上树，有的已被洪水冲走，在水中挣扎，情况十分危急。江上虽有几只木船，面对惊涛骇浪，都泊在堤岸边，畏缩不前。

达摩是一位高僧，神通广大，面对此情此景，口念咒语，把随身携带的铁鱼磬（一种用铁制成，形如鱼的法器）抛入空中，只见铁鱼磬放出万道光芒，变成一艘大木船飘入江中。

达摩又伸手一指，木船就向被洪水围困的百姓快速驶去，百姓见此一阵欢呼。船在汹涌的波涛中，迂回曲折，直至把所有受难的百姓全部救起送到堤岸上，才被达摩收回手中。随后，达摩把一把雨伞放在水上，自己坐在伞上飘流过江，到稽亭塘点化傅翕（即后来的傅大士）去了。

金华故事

在这之后，方圆数十里的百姓逐渐安居乐业，他们挑来五谷，赶来六畜，占地买卖，这一带逐渐兴旺热闹起来，有民谣是这么唱"三年不打大水，猫儿家狗讨老婆。"后来，人们为了感谢和纪念达摩渡磬救人，就在渡磬救人上岸的地方募建了一座泥磬寺。寺里供奉着达摩像，寺内有楹联，"佛光透彩传万代，堂烛生辉照八方"和"古庙神灵安四境，佛堂市兴永千秋"。后人就以上下联的第一字，将此地取名为"佛堂"，而渡磬寺又称古佛堂，久而久之，佛堂的地名就传遍四邻八乡了。佛堂人民十分珍惜这座古寺，几经修缮，几经重建，渡磬寺至今仍完好保留在佛堂镇镇西。

一个充满神话色彩的民间故事，引导人们走出了离乱、灾荒、瘟疫及战争带来的一切不幸。感恩于达摩投磬相救，后人在投磬处募建了"渡磬寺"，自此淙淙流过的江水，伴随着寺院里的晨钟暮鼓，在古老的航道里流向很远很远。很多年以后，寺前树起了一方高大的石碑，上书"古佛堂"。

佛堂古镇夜景

（故事来源于中国民族网）

村落简介

社会篇

武义县岭下汤村

岭下汤村全景

　　岭下汤村位于武义县中部大田乡境内，因此地有赤紫圆岩数块，又称"枣岩故里"，从县城取道武丽公路，驱车近20千米即可到达。因村坐落于少妃岭脚和大殿岭下，一条菊溪穿村而过，按船形分布，巧借两侧山体景观构景，先人姓汤占多数，故取名岭下汤。岭下汤村现有上、中、下三个村，共有百姓2000余人。村内农业生产主要以种植水稻为主，兼种瓜果、蔬菜。山上木材、竹材丰富，村里以此为原料的手工业生产历史悠久。茶叶、药材、山野菜、板栗、油茶等都是该村传统的无污染地方绿色农特产品。与农业呼应的岭下汤工业产业相对

109

薄弱，但近年来形成的工艺阳伞来料加工几乎遍及各家各户。岭下汤村800年淳朴厚重的历史文化，沿着溪的两岸整片黑瓦青砖组成的古老建筑群缓缓展开，与远处郁郁葱葱的梅峰遥相呼应，人文建筑与自然景观水乳交融、浑然天成。2006年，岭下汤村被评为浙江省历史文化名村。

汤氏育林迎鹤归

【植树造林，地方生态】

岭下汤村至今保留着诸多古老民俗，如出嫁的姑娘回娘家要带上泥土回来，并在"梅峰古林"植树，这个传统要追溯到宋朝。

据传，很早以前，从天上掉下来一块陨石，赤红赤红的像一堆正在燃烧的炭火，大家称之为"火星山"，这"火星山"就落在岭下汤村不远处。

南宋时，有个叫汤畯的人，从外地移居金华，最后在岭下汤定居。他看到光秃秃的"火星山"很不是滋味，觉得如果种上树，既美化了环境又可以增加百姓收入，是件一举两得的好事，于是便下定决心要改造这座"火星山"。汤畯刚在家中向儿孙们提出这个想法，便遭到众人反对，众人都说山上是光秃秃的岩石，一点土星儿都没有，如何能栽活树木？可汤畯却认为，在火星山上栽树困难虽大，但只要有决心，便能成事。

儿孙们被他的豪壮气概感动，大大小小齐出动，把一担担的泥土、稻草往光秃秃的山上挑，连来他们家做客的客人也来帮忙。功夫不负有心人，在他们的努力下，终于栽下了第一批树苗。无奈天公不作美，一场暴风雨，把刚刚成活的树苗冲刷得无影无踪。

汤畯不服输，再次带领家人挑土上山，栽下新一批树苗。同时吸取教训，为防止树苗和泥土被雨水冲走，汤畯一家人在树苗的周围砌上了石头。在人定胜天的信念指引下，大家用自己的双手和智慧战胜了老天，第二批树苗成活了。从此他们更坚定了信心，挑土上山，种草作肥，后来连外嫁的女儿每回一趟娘家，都要往山上挑一担土，春天时还要栽一棵树。最后，改造"火星山"的愿望终得实现。

汤畯看着栽活的几株梅树，对他的儿孙们说，梅花铁骨冰肌，不畏严寒，具有高尚的品格，希望后代儿孙们以梅花作为榜样，于是他将"火星山"改称"梅峰"。梅峰山上树木郁郁葱葱，常有白鹤栖息，青山白鹤成为一景，后被文人成为"梅峰归鹤"。

"梅峰归鹤"的故事，其实就是金华人身边的"愚公移山"。毛泽东高度赞扬"愚公移山"这种吃苦耐劳的精神，并赋予了这个寓言故事以新的内涵和时代精神，曾提出了"下定决心，不怕牺牲，排除万难，去争取胜利"的奋斗宣言。新时期的我们，要继承和发扬愚公移山精神，不忘初心，牢记使命，以更加饱满的工作热情和奋发有为的精神状态，真正把这种中华民族战天斗地、不畏艰苦、勇往直前、不达目的势不罢休的革命精神落实到具体行动和工作中。

（故事来源于浙江网）

村落简介

武义白洋渡社区

武义白洋渡街区一角

　　武义县地形西南高、东北低，中部丘陵，蜿蜒起伏。武义宣平两个河谷盆地形成了钱塘江、瓯江两大水系。钱塘江水系的武义江流入金华，和义乌江汇入婺江，形成现在金华三江六岸优美的江水特色。农耕时代，水是生命之源，生活在白洋渡（白洋渡，目前为武义县一社区）一带的武义人靠水治水，生息繁衍。

砻糠搏天安家园

【人与自然、家园安定】

  武义江经过漫长的冲刷，在白洋渡这一带形成了西、北两条支流。那时候经常闹水灾，江水特别大。这一带不怕旱，只怕涝，风调雨顺年景，人们都还能安居乐业，但一遇上雨水失调，洪水大涨的日子，人们就要叫"皇天"。

  相传有这样一个故事，有一年，遇到了特大暴雨，瓢泼似地一刻不停整整下了五天六夜。江水急剧上涨，凶猛地漫过江堤，西、北两条支流汇聚一起，形成一片汪洋，农田淹没，房屋倒塌，人们靠船排逃上白阳山一带的高处避难。暴雨被狂风裹挟整整下了五天才停，第六日，江水慢慢地退去。洪水过后，展现在人们面前的是一片废墟。大人们哀声震天，孩童们哭声动地，人们叫苦连天，饥寒交迫，挣扎在死亡线上。

  废墟上难民的哀声、哭声震惊了正腾云经过此地的一位神仙。她落下云头、俯身瞭望，目睹民间疾苦，心情悲痛难忍，随即腾云返回天宫，搬来了灵神坛前的一袋袋砻糠（稻谷碾成米而留下的壳），趁月明星稀之夜，用砻糠切断北支流，并在地势较低的北岸沿岸铺洒，在北岸边铺成了一条砻糠垒成的护江堤。村民们发现北支流被成功切断，岸边出现了崭新的护江堤坝时，无不惊奇又欣喜，随后便满心欢喜地开始重建家园。从此以后，虽然洪水或大或小常会发生，但是始终没有漫出江岸，这皆因江岸上的这条神堤能随江水的水位而变，水涨它浮，水退它降。

  但是村民们终究对这条能浮能降的砻糠堤坝放心不下，时刻提心吊胆，担心万一有一天它失灵，那这片家园岂不是又要遭殃？还是得建筑一条扎实牢靠的护江堤才能让人安心。那时有个老翁叫邵再一，他带领全家大小在砻糠塍上垒砌泥石。老头一动手，全村男女老少左邻右里齐上阵，垒石的垒石，填土的填土，

不多久，一条石砌土垒的替代沉浮不定的砻糠堤坝的泥石坝就筑成了，但时至今日，人们还是习惯称这座堤坝为"砻糠塍"（塍，一种隔水的小土垅堤）。水被治住了，人们的生活也便安定了下来。

村民的这种砻糠筑坝、砻糠搓绳的精神和衔泥填海、垒石成山一样，反映了古代劳动人民勇于依靠自身勤劳的品质、坚韧的毅力和聪明才智，不惧与自然搏斗建造家园的精神。这警示我们在日常生活和工作中，不能安于现状，要无惧前行路上所遇的困难，不能为之折服，要矢志不渝地朝着既定的目标去奋力拼搏。

（故事来源于武义新闻网）

村落简介

社会篇

雅畈镇小窑上村

雅畈镇杜鹃节景

雅畈镇地处金华市区南侧，距市中心4.5千米，东南与武义县交界，东北濒武义江，隔江与金东区江东镇、多湖街道相望；西南毗邻安地镇，西北接金华经济开发区苏孟乡；下辖37个行政村，112个自然村，人口23022人（截至2017年）；有耕地21027亩，山林73013亩；有经济作物2万多亩，其中种植水果5726亩，花卉苗木7784亩，蔬菜8219亩，有"花卉苗木之乡"之称。

黄大仙斗牛伏虎

【金华民俗、地方安宁】

金华斗牛至今已有千年历史，明末清初尤其盛行。西班牙斗牛，是人与牛斗，而金华斗牛，是牛与牛斗，是带有东方文明独特魅力的民间游乐活动，被誉为"东方一绝"。这一沿袭千年的民俗活动，又是因何而来呢？据传这与黄大仙有关。

相传有这样一个故事，一个月白风清之夜，黄大仙高踞云头观看金华天象地貌，只见南山山尾与北山山尾的两座虎头山遥遥相对，一如伺机出击的山中伏虎，一如势不可挡的下山猛虎，两山之上有股凶险之气勃勃而起。大仙心中不由暗暗焦急，这分明是两虎将斗，灾祸已如箭在弦上，若不设法阻止，老百姓必然遭殃。

这时有二位仙人前来相告："大事不好，南、北两山二虎已传来话，说要在重阳之日进行一场决斗，要是真斗起来，百姓就要遭殃了！"大仙一听，立即驾白鹤来到两虎所定决斗之处——距离南山、北山路程相等的地方——江东镇横店西南武义江边。此处为南、北两山山尾龙脉相冲之处，但却缺少一座有足够份量的山，难以镇压两座山尾的龙脉，所以常常相冲相斗，使金华百姓不能安生。

思之良久，大仙决定在这里点化一座斗牛山，用以斗克斗之法化解龙脉之斗，取斗牛斗龙脉相冲之意。而要镇住南北两山的龙脉，这座山还必须要有"秤砣压千斤"的份量，因此不能是普通的石山，而应是一座铜山。他从袖中摸出两粒铜子，抛到江里，口中念念有词：一颗铜子一头牛，相抵相连两山丘，以斗制斗求平升，从此金华看斗牛。刚念完，江边即刻矗起两座黄色铜墙铁壁似的山，恰似两头黄牛相斗，那头、那峰、那背、那足、那尾，以及斗时用力的姿势，都栩栩如生，惟妙惟肖。因斗牛山山色似铜，又传说山中有铜，当地人就叫它铜山。

九九重阳那天晴空万里，张老汉、李老汉遵照大仙之计，将南山虎、北山虎两头黄牯牛披红挂绿，送到斗法之处。这时的黄大仙早已化成一个普通道士等候在旁，见两牛已到，便对斗牛山轻轻一点："牛儿，斗起来吧！"紧接着喧天锣鼓、众人喝彩，两头巨牛轰轰烈烈地斗起来。这边南山虎和北山虎听闻锣鼓一响，以为决斗开始，立即准备向对方发出进攻。谁知南山虎和北山虎抬眼一望，却望见江边站立着两头从没见过的巨牛，顿时吓得魂飞魄散，掉头就跑。

原来老虎虽为兽中之王，却唯独怕牛，特别是黄牛，见牛之虎如见火之毛虫。不消片刻，南山虎、北山虎跑回各山之尾，它俩回头张望，只见两头巨牛还在激烈相斗。老虎怕牛，却又爱看斗牛，俩虎便把身子深深缩进山谷，而将头颈长长伸出偷看。直到今天，我们还能看到南山虎和北山虎的虎头——积道山和尖峰山。

金华斗牛

蓄谋已久的决斗灰飞烟灭，人们为感谢黄大仙为百姓求得平安，就在铜山造起一座鹤庙，还经常举办庙会、进行斗牛活动以表达对黄大仙的感激之情。自此，婺城区雅畈镇铜山白鹤庙开创斗牛节，铜山也成了金华斗牛的起始地，而后斗牛活动也传播到金华各地，成为一项传统民俗活动。

（故事来源于金华新闻网）

村落简介

浦江仙华村

仙华山山顶

　　仙华村隶属浦江县仙华街道，地处浦江仙华山风景区山脚下，距浦江城区5千米，风景秀丽。全村有耕地286亩，山地300亩，下辖5个自然村。仙华村地处半山腰，在仙华山景区开发前，只有一条绵长的羊肠山路与外界连接，交通不便，信息闭塞，村民主要以几分贫瘠山地和外出打工维持生计，生活贫困。仙华山景区开发后，村民生活发生翻天覆地的变化，农家乐在村内遍地开花，仙华村更是成为省级农家乐特色村，是浙江省目前规模最大的休闲度假基地之一。农家

乐为村民贡献了大部分收入，经济效益十分可观，成为浦江闻名的小康村。仙华山农家乐的发展，也带动了周边地区的发展，周边村镇涌现一批为仙华山农家旅社提供服务的优质安全蔬菜生产、畜禽养殖、土特产加工及旅游产品生产户。昔日这片穷乡僻壤一改风貌，成为连城里人也羡慕的好地方。

莫县令廉仁护民

【廉政爱民】

相传有这样一个故事，古时有位莫姓人，被派往浦江当县令。莫老爷带着家丁，雇了官船，准备从杭州江干往浦江方向去。正要开船时，来了位姑娘，请求搭乘。家丁说这是官船，不带客，女子千恳万求，自称民家贫女，流落在外，没有盘缠回家，如能方便，胜救一命，定感恩不尽。莫老爷是个善心人，听见外面的对话便走出船舱，吩咐随从让女子上船。莫老爷见姑娘虽是民女打扮，但讲话文雅大方，生相不同凡俗，便问她是哪人往哪去。姑娘答是浦江人，家住仙姑山。

莫老爷暂不熟悉浦江地名，更不了解浦江民间风俗，心想既是浦江人，不妨先向她了解当地民风民俗，毕竟俗话都说入境先问俗。果然，一路上姑娘给他说了不少浦江民情

仙华山山顶寺院

【金华故事】

风俗。莫老爷与姑娘有问有答,讲着讲着,姑娘得知莫老爷是去浦江上任当县官的,便把浦江前几任官员为官贪腐,百姓生活贫苦难言,一五一十告之。两人谈聊之间,船已到诸暨牌头,再往前,江水浅官船难行,莫老爷只能上岸。莫老爷和姑娘颇为投缘,将要分别便有不舍。莫老爷说:"今日相逢,得益非浅,不知是否后会有期?"。那姑娘不答却问:"此去浦江,还有百来十里路,不知大人是坐轿,还是骑马?"莫老爷说:"一不坐轿,二不骑马,两脚代车上任,一为顺路看看民情,二为表明本官愿与民同甘苦。"姑娘一听,点点头讲:"如此说来,后会有期,当大旱之年,便是我们相见之日。"莫老爷到任后惩治贪腐,一心为民。上任第三年,浦江碰上百年未遇的大旱,眼见全县百姓受灾,莫老爷愁得寝食难安。这时县内有人传仙姑山的仙姑娘娘十分灵验,何不上仙姑山去求雨。莫老爷心念百姓,听闻如此便也顾不得太多,即刻启程上仙姑山求雨。上山这一路,他头顶烈日,脚踏热土,三步一跪拜,额头磕出了血,膝盖跪破了皮,脚掌走出了泡,莫老爷全心系民,早已舍生忘死,他没有后退一步,也没叫一声痛。跟在莫老爷后面的父老乡亲见了,个个感动流泪。

到了山顶昭灵宫,莫老爷行过三跪九叩大礼,抬头一看,觉得神座上的仙姑娘娘好生面熟,像在什么地方见过,可一时又想不起来。这时,身边的家丁凑近莫老爷的耳边说:"老爷,这仙姑的相貌,和我们来时的那位搭船姑娘一模一样。"听了家丁的话,莫老爷立

仙华山景

刻想起那姑娘曾对他讲过"家住仙姑山"及"大旱之年，便是我们相见之日"的话。莫老爷眼望仙姑神像，不觉神思恍惚，木头一样站着，一动不动。跟随的人请莫老爷坐下休息，却不见回音，还以为是莫老爷一路闷热，犯了痧气，慌忙搀住，怎料莫老爷身子已凉，直挺挺地归天了，大家倍感惊诧，为莫老爷的离去痛哭流涕。正在这时，仙华山顶突然乌云翻滚天雷不止，接着阵阵大雨落遍了浦江的每个角落。就这样，干燥的溪塘又有了水，半死的作物又变得绿油油。

莫老爷到任以后，为官清如水，断案明如镜，爱民如子，浦江百姓无不称赞莫老爷的勤廉爱民。而在浦江百姓罹旱灾的危难之际，莫老爷又不顾个人安危，舍身为民求雨，最后用生命换得全县大降甘露。为了纪念他的恩德，老百姓便在昭灵宫里，另塑莫老爷神像，供大家祭奠膜拜。

我国上下五千年的历史中，涌现了不少仁爱之官。清末的曾国藩曾在其《曾国藩诫子书》中说："求人则人悦。凡人之生，皆得天地之理以成性，得天地之气以成形。我与民物，其大本乃同出一源，若但知私已，而不知仁民爱物，是于大本一源之道已悖而失之矣。至于尊官厚禄，高居人上，则有拯民溺救民饥之责。"

天下之大，民最大，当代的各级党政机关工作人员，都应尽自己最大的努力做到以"民生"为怀，将"仁""爱民"的思想融入日常工作实践，要始终谨记以保护普通百姓为先。民本思想，是做人学问的关键所在，亦即，怎么样为百姓谋利，是当代各级党政机关工作人员思考的关键问题。

（故事来源于国学网）

村落简介

磐安县大皿村

大皿村村内景

大皿村是浙江省金华市磐安县双峰乡下辖的一个行政村,地处群山环抱之中,一条清溪穿村而过,九曲回环,奔流南去,将偌大的一个村落分隔成东、西两半,形成一种天然而又别致的村庄布局。村民们逐溪而居,对称地在溪两岸修建了两条街道,两侧民房一溜排开,鳞次栉比,错落有致,透出一种别样的情调。

大皿村溪景

羊氏炼火祈平顺

【炼火民俗、民众求安】

　　大皿村的炼火据传起源于唐武宗年间，并在后来千年间一致保持着原生态的形式。相传在唐武宗六年，羊愔弃官后到皿川之时，此处灾害频发，村民们都敬仰羊愔的名声才学，故而当家的村长便向其询问避灾之法，对此羊愔向他提起古时的"袚除"仪式。羊愔对村长说："这个仪式，需要在空旷的地方燃起大火堆，并且全村的人都要参加，要手拉手一起围绕火堆转。当然这个仪式不是烧火让大家围着转圈就行，包括好多环节，主要有请神、游神、打鼓、定桩、杀鸡淋血、生火炭、开水火门、炼火等，其中火上跑炼是最关键的环节，得找几位有勇

气的村民，让他们手拿铁铲在火堆中来回撩拨，要挑起阵阵火光，用此吓退'妖孽'，当火堆被夷为平地时，仪式就算完全结束了。"

羊憎的这一方法，第二天便传遍全村乡亲。出于对羊憎的信任，以及希望能尽快消灭厄运，大家都对这种方式表示认可，于是隔天村长就在村内组建了一个"炼火"仪式小组，大家开会细细商讨，确定了此次"炼火"的时间、流程、戒规等一系列具体事项，推选出了勇士村民，主要负责火上跑炼环节，并指定专人负责跟进落实各个环节。

大皿村俯瞰图

在村民们的推动下，没过几日，相关准备便已到位。在一个天气晴朗的秋日之夜，村内百姓齐聚村边山腰一处寺前空地上，在日落天黑的那一刻，燃起熊熊烈火，村民们在火堆外手拉手围成一圈，口中哼着丰收的调子，脚下踏着热情奔放的步子，村内勇士拿着铁铲赤足光着上半身，跟着村民们的节拍在火堆内跳跃起舞，不停地撩起火光。就这样，按照之前的计划，村内的首次"炼火"顺利完成。

传说，仪式后村内竟然真的太平无事。到了宋徽宗崇宁三年（1104年），大皿村羊氏发展到第十代，但是此时羊氏家族人丁败落，当时当家的羊永德进士就想到先祖的"祓除"仪式，想借仪式来"驱除妖孽"，以兴羊氏一族。于是在1104年，羊永德举全村之力，办了一场声势浩大的"祓除"仪式。在仪式中，几名胆大之人，他们半赤身、赤足冲入火堆，在火中用铁铲等来回撩拨火堆，

羊永德希望这一举动表现出"人定胜天"之意思，让羊氏族群再次繁衍壮大。自此以后，羊氏果真开始兴旺繁衍起来，羊氏子孙也因此对火十分崇拜。至此，"驱除妖孽""袯除"仪式已有现在"炼火"的初步雏形。

在明朝时期，"炼火"有了进一步的发展。明永乐年间，大皿川村一带出现了受人爱戴的清官胡则。在他过世后，村民为纪念其功绩，称他为"胡公大帝"，并在胡公生日时举办纪念活动，由此发展出关于纪念胡公的传统文化，此后这一传统继续发展甚至出现了"七十二胡公上方岩"的盛况。每年这一带的民众会在胡公生日期间（中秋节前后一段时间），举办胡公出游迎案活动，九个案堂轮流主持活动。在活动期间，为敬奉胡公，当时的大皿川村羊氏决定用"炼火"为胡公"跑炼乌金"，祈求保佑民众岁岁平安、风调雨顺。就这样，"炼火"正式融入了"胡公信仰"，开始传承了下来。

到了清朝，双峰横坞坑的"九硿殿"庙香火旺盛，重阳节庙会期间，大皿村村民会将庙宇内供奉的小圣龙王和四海龙王神像请到村内，在晚上为神像"跑炼乌金"，村民希望借用"炼火"来祈求岁岁平安。发展至此，双峰乡乡民在重阳或中秋举行"炼火"成为一种群体文化现象，"炼火"活动的习俗就此形成。

"炼火"这一民俗，表达的是羊氏祖先希望村子来年平平安安、五谷丰登，希望村中无邪祟、村内民众身体健康的美好愿望。"炼火"作为一种群体文化的文化现象，虽然现在这一风俗成了很多游客眼里的娱乐观赏活动，有很多人认为这种活动除了娱乐外没有其他用处，但是这一群体文化还是有其特殊意义的，它是民族精神情感纽带和创造力的来源之一，它帮助维系群体性情感并加强群体内个体的交流，也成为了文化历史资料研究的活化石。

（故事来源于李璐硕士毕业论文
《磐安炼火文化的传播研究——以大皿村为例》）

村落简介

东阳郭宅村

郭宅村石洞书院

郭宅村始建于宋咸平四年（1001年），原为孝顺乡，元、明承宋制，后曾用名称有石洞乡、郭宅乡、灯塔公社。1956年白泉、香山、茜畴、后田等乡并入该镇，1958年归属湖溪公社郭宅管理区，1961年改为灯塔公社，1983年改称郭宅乡，1993年改为建制镇，镇人民政府驻地郭宅，分郭一、湖山、增丰三个行政村。2003年9月，撤销郭宅镇建制，改为郭宅村，并入湖溪镇。

郭宅村地处浙江省金华市东阳市中部，距东阳城区33千米，东邻东阳江镇，西同湖溪镇接壤，南与湖溪镇交界，北靠里岭和北江镇，总面积29.9平方千米，下辖28个行政村。南郭、湖溪等三条公路穿郭宅村而过，历来是东阳交通要道，素有"十里长衢"之美称。郭家人于明朝永乐年间（1403—1424年）为遵先祖嘱托，感恩晋后殿胡公大帝恩德，浇铸了大蜡烛一对，于正月十八庙会祭胡公，时至今日约有600年历史。除远近闻名的蜡烛外，石洞书院亦为郭宅村增添了浓墨重彩的一笔。作为东阳市重点文物保护单位，石洞书院曾是朱熹、吕祖谦、魏了翁、陈傅良、陆游、陈亮等文人讲学论道、切磋交流之地，他们在此留下了诸多题刻。

郭宅村石洞书院外景

石洞思想励后学

【石洞书院，思想的碰撞】

东阳人办学、好学之风源远流长，追溯当地办学历史，最早可从书院说起。书院始于唐代，开元六年（718年）设立正修书院，开元十三年改称集贤殿书院，置学士，掌校勘经籍、征集遗书、辨明典章，以备顾问应对。可见，书院本为官方藏书、校书之所，后来逐渐演变为私人藏书、讲学之地。书院采用个别钻研、相互问答、集众讲解相结合的教学方法，以研习儒家典籍为主，间亦议论时政，对学术思想的发展产生一定影响。延及明清，多数书院成为给科举应试做准备工作的场所。清末废科举，书院改为学校。

北宋初年，私人创办书院已成气候。南宋著名理学家朱熹在庐山白鹿洞书院设帐授徒，开书院讲学之先河，各地争相仿效，东阳亦然。现属东阳湖溪镇郭宅村的"石洞书院"便是当时名家云集的讲学场所。

郭宅村村民的始祖是唐代名将郭子仪的第十代世孙郭瑫（851—919年）。郭瑫满腹经纶，通文韬武略。他在郭宅村（古称高塘）教授子弟，高徒众多，声誉鹊起。

祖上之风，后世传承。到宋代郭钦止（1128—1184年）这一代更是青出于蓝而胜于蓝，"一门办七书院"。1148年，郭钦止在奇山秀水花明洞幽的郭氏山林，修剪清旷亭、倾月亭等九亭，开凿百步石级建"石洞胜景"，又建砖墙瓦屋30余间，创办"石洞书院"。同时，划出百亩良田作为书院修缮和教师工资等开支，捐出家中几万卷藏书充实书院。更了不起的是，郭钦止聘请了当时众多名闻天下的大儒来书院讲学，如著名思想家、"永嘉学派"的代表人叶适"执掌师席"（类似于院长），吕祖谦、魏了翁等名师也曾在石洞书院掌教，先后有陆游、陈傅良、陈亮、汤汉等当世名儒来访和讲学交流，形成了大儒云集、学派争鸣、民主讲学的极好的学术风气，呈现一派精英聚石洞的景象。

社会篇

某日，大儒们聚在一处喝茶交流，郭钦止遍数天下英豪，心里忽然觉得缺了点什么，那便是最著名的朱熹还没有请到。于是大家商量，由谁出面去请正在武夷山讲学的朱熹来此地一起聚聚，顺便给学生讲讲学。大家一致推荐由陈亮出面邀请，陈亮也不推辞。但郭钦止却担心起来，因他知道在学术见解上陈亮和朱熹不合，有学术之争，由陈亮出面朱熹能来吗？对此陈亮却肯定地说："你就放心，重阳那日朱熹定会赶到，我二人几年没见，他还没其他相争对手，若非我出面，还真不一定会来。"

到了重阳日，陈亮起了个大早，约上郭钦止到山口路边接朱熹。郭钦止担忧地问："不会接个空吧？"陈亮答："朱熹是个信守诺言之人，定会来。"话音刚落，一身行脚道人打扮的朱熹，背着个包袱，匆匆赶到。朱熹、陈亮二人一见面，都未及好好寒暄打招呼，便争论开了。年长陈亮十三岁的朱熹说："你上次信中所说的功利等观念不合理学，吕祖谦是包庇你。"陈亮也不相让："功利和道义本来就不可能截然分开，我们争论不能空谈，就是要解决社会现实问题。"二人你一言我一语，争得面红耳赤，朱熹毕竟年长，最后说："你小子，可畏！可畏！"

那一天，石洞书院可谓名流荟萃，讨论的讨论，作诗的作诗，写字的写字，学术交流氛围浓厚，一连多日都是如此。自此，朱熹多次到访石洞书院交流讲学，郭钦止让人在朱陈会面的山口路边建了一座亭，以朱熹的名号命名为"紫阳亭"，此后当地人便叫这座山为"紫阳山"。后人还把这些大儒在一

朱熹石刻

129

起交流的成果汇编成书——《石洞遗芳》，世代流传。

　　石洞书院为当时全国五大名院之一，声望在外，除当世名儒来访与讲学交流，留下诸多诗词题刻外，书院学生也是来自鲁、赣、皖、苏、湘及省内各地，宋宰相乔行简、名宦乔梦符也曾就读于此。郭钦止一生费心尽力所创办的石洞书院，不仅成为当时主要的学术交流中心之一，更是开创了东阳民间兴学重教的新风，办书院、义塾更是蔚然成风。东阳也因此有了"东南小邹鲁"之誉，这都为东阳教育事业的发展奠定了深厚的基础。

（故事来源于东阳网）

村落简介

社会篇

义乌赤岸镇

赤岸高桥

  义乌市赤岸镇，位于浙江省金华市义乌市最南部，是义乌、东阳、永康、武义、金东五县市区交界之地，属中低山丘陵区，距义乌市中心18千米。原名蒲墟村，南朝时改名赤岸村，继而又改为丹溪村。赤岸镇土地总面积149.98平方千米，占全市总面积1/7，下辖66个行政村，1个居委会，总人口4万人。赤岸镇人杰地灵、山清水秀，具有2000多年悠久文化历史，是全国环境优美乡镇、全国千强镇、浙江省生态镇、浙江省教育强镇、浙江省历史文化名镇、浙江省卫生镇、浙江省文明镇。赤岸镇境内历史名人众多，朱丹溪、冯雪峰等早已享誉国内外，悠久的历史给后人留下了丰富的历史文化遗产。赤岸镇现有国家级文保单位1个——古月桥，省级文保单位3处，市级文保单位2处。结合地理环境和区位优势，近年全镇开创乡村旅游新模式，旅游业带动餐饮、交通、商业等服务业迅猛发展，如今乡村游已成为赤岸镇的一张亮丽名片。

丹溪翁身言医道

【朱丹溪，医者仁心】

文献记载："其困厄无告者，不待其招，注药往起之，随百里之远弗惮也。"这是一个什么样的医生能做到的呢？

相传有这样一个故事，有一天夜晚大雨瓢泼如注。有人在大力敲打朱震亨家的门。门内仆人问："门外何人敲门？"来人答说："我是东阳张进士的家人，我们家的二公子才两岁，最近不知为何生病了，请了好多医生给看病，但是一直不见好，今天病重，危在旦夕。"仆人为此赶紧打开家门，对来客说："这么大的雨，你先快进来再说吧。"

朱震亨听闻有来客求医，从屋内走了出来，脸色焦急地望着来人："是谁病了？"客人答："是我家，我是东阳张进士的家人，我们家的二公子，前段时间满头都生了疮，家里请遍医生给他医治，但都不见好转。昨天，就在昨天上午，突然所有的疮都收了，家里人可开心了，为此还赏了下人，可今天突然发喘了，还有痰，这之前都没出现过这些症状，今日晚饭后二公子突然呼吸困难，把家里老爷、太太吓坏了，他们命我来朱大夫这儿问问这可怎么是好？大夫您可一定得救救我们二公子。"

朱震亨听闻病状，即刻抓起雨伞并和来客说："快走！要不来不及了！"此时的室外，大雨滂沱，天地一色，在苍茫的雨幕中，已经完全分辨不清眼前是何物，只能勾勒出大概的轮廓。在崎岖的乡村路上，三个打伞的人急急行走，远远望去，显得如此渺小。朱震亨跌倒了，再爬起来，也不顾已经满身泥泞，爬起后不做停顿疾步匆匆继续前行。此时此刻，雨伞已成"点缀"，毫无作用可言。他们身上的衣物，早已经湿透，沉重地贴在身上，雨水顺着衣服流下。

赶到东阳张进士宅第之时，等候的所有人都被这一景象惊呆了。朱震亨在众人惊愕的目光中冲到患儿床前，患儿脸色苍白，呼吸急促，眼睛紧闭不张。朱震亨看了患儿的手指，对张进士说："这是胎毒啊，千万不要服用解表和通下的药物！"所有的人都愣了，"胎毒？怎么会？"张进士问。朱震亨："仔细想一想，孩子的母亲在怀孕的时候喜欢吃些什么东西？张进士仔细回忆："辛辣热物，是其所喜。"朱震亨："果然如此啊，现在马上要把人参、连翘、川芎、黄连、生甘草、陈皮、芍药、木通煎熬成浓汤，然后兑入竹沥让病人服用！"[1]

下半夜，疲惫至极的朱震亨坐在张进士宅第厅堂的椅子上，因在大雨滂沱的夜里一刻不停地赶路及之后紧张地诊疗，此时的朱震亨被疲惫侵袭，慢慢合上双眼。突然，他被一阵声音惊醒，他张开眼睛，吃惊地看见张家一家上下扑通跪在他的面前。张进士含泪叩头："丹溪先生，犬子已经醒了，也不喘了，我们全家上下叩谢先生的再造之恩！"朱震亨愣在那里，一时没有反应过来。

这位朱震亨医生便是我们所熟知的名医朱丹溪。朱丹溪这个名字不是他的真名，他的大名叫朱震亨，字彦修，但是学者们、老百姓们太尊重他了，不敢直呼其名。大家认为，对这样一位德高望重之人直呼他的名字乃极大的不尊重，因此，就用他居住的地方来称呼他，称其为丹溪先生。

什么是医道？就是患者来求诊时，朱震亨"无不即往，虽雨雪载途，亦不为止"的这种精神。自朱震亨回到家乡行医的那一天开始，一直到78岁生命结束，他一直在践行这样的精神，没有一天停止。

医道的至高境界就是坚守"发大慈恻隐之心、誓愿普救含灵之苦"的信念，在这种信念的引领下，一位医生将会专心于救治病人，竭诚提高自己的医术，并且在行医之路上百折不挠、不畏万难。

---

[1] 此为故事加工，仅适用于此故事，切勿当真。

【金华故事】

朱丹溪（1281—1358年），原名朱震亨，字彦修，婺州义乌（今浙江省义乌市）赤岸人，为中医"金元四大家"之一。因其故居旁有小溪名丹溪，时人遂尊其为"丹溪翁"或"丹溪先生"；又因其治病坚持临症视情，辨证施治，医术高明，患者多有服药即愈不必复诊之例，故时人又誉之为"朱一贴""朱半仙"。他倡导"阳常有余，阴常不足"，创阴虚相火病机学说，善用滋阴降火的方药，为"滋阴派"（又称"丹溪学派"）的创始人，在中国医学史上占有重要地位。他著有《格致余论》《丹溪心法》《局方发挥》《伤寒论辩》《外科精要发挥》《本草衍义补遗》等十几部著作，是我国医学宝库中的璀璨明珠，并流传至日本，现日本尚有"丹溪学社"。尊其对我国医学贡献卓著，后人将他和刘完素、张从正、李东垣一起，誉为"金元四大医家"。

朱丹溪像

（故事来源于搜狐网）

村落简介

社 会 篇

永康市芝英镇

芝英镇

芝英镇位于浙江省金华市永康市中部，北通方岩，南邻石柱，处于北纬30度线上，总面积68平方千米，距市区12.5千米，是永康市农村一大集镇。镇辖63个行政村（中心镇区9个村），总人口5.6万多人。芝英镇人多地少，种植业以粮食为主，兼种蔬菜、瓜果、茶叶、油菜，有少量的珍珠养殖。畜牧业较兴旺，主要有猪、牛、羊、鸡、鹅、鸭、兔、蜂。芝英镇有十分深厚的历史文化底蕴，在政治、经济、军事、文化等各个方面都曾经是郡县倚重的人文重地，也是人称世为同右的望族之地。芝英是闻名郡县的商贸、文化重镇，是有近百座祠堂的仁孝之地，是中国五金之都的五金发祥地，是全国著名的五金生产基地之一，是全国应氏中兴的重要发祥地——东晋以来全国最悠久的应氏城镇。

三八公慷慨捐外财

【富以致村】

永康当地人都知道,每周每个地方都有一个市日,芝英镇的市日是逢三、逢八。那么千年古镇芝英镇的市日是怎么来的呢?说起芝英镇的市日,还要从一座古祠堂的故事讲起。

在芝英镇上,有一座气势恢宏的古建筑,叫"仕镰公祠",是省文物保护单位,芝英人又叫它"小宗祠堂"。这座"小宗祠堂"的地理位置优越,面朝芝英八景之一的"方塘夜月"。这座祠堂始建于明朝成化年间,重建于清咸丰年间,在抗战期间被用作难民工厂。祠堂的修建人名叫应仕濂,因他生于农历三月初八,所以很多人叫他三八公。三八公年轻的时候是个货郎客,经常挑着货担去往临镇各地,在四乡八邻做点小生意。

相传有一日,他担着货担,到上下丁、方山口、高寮、铜山、四十四坑一带做生意,经过铜山时,正巧赶上铜山要建铜山寺,正在四处募捐。那天铜山寺筹建队的人见到三八公过来了,忙叫暂息,而三八公见人多好做生意,就放下货担叫卖起来。此时,一位年逾花甲戴着一副眼镜的老人过来,对三八公说:"你这个货儿郎,之前常来我们铜山卖货嘛,今日赶巧了,来,捐点银子给我们建铜山寺,也算是功德无量的一美事。"三八公一听,便答:"好啊,那就捐点。"于是他去钱袋里拿钱,可当日出货不多银钱不够,于是三八公就伸出一个指头说道:"我助工一天。"怎知那位老者有点耳背,误听成"助银一千",欢天喜地地将他写进功劳簿。其他村民一看,都纷纷奔走相告:芝英人三八公助银一千建铜山寺。这下子可好了,耳背真是个糟心事儿,三八公心想我可到哪儿找一千两银子啊。可三八公心地善良,不做辩解,那日便提前收工挑着货担回到芝英镇家中,一路是连连叹气、愁眉苦脸。

三八公到家后,其娘亲见他愁容满面,便问他为何烦恼?三八公便将前前后后的经过一五一十告诉娘亲。娘亲听罢后哀叹道家中哪里来的银两?不要说一千两银子,就是十两银子也拿不出啊。但是她想到儿子海口已夸出去了,许出的愿总是要兑现的,便对儿子说:"事已至此,你只能自带粮食,天天去铜山寺做粗工,就算是你助工一千吧。"三八公想想也只能如此。第二日一早,他便带着足够的粮食和换洗衣物到铜山寺做粗工。

在铜山寺做了一段时间的工后,有一日夜里,三八公在梦中见到一位红脸老人。老人走到床前对三八公道:"三八公,我在这里给你看守了这么多年的金银财宝,你倒好,跑来这里做了这么多日的粗工当捐助,我到底啥时候能出头不用给你看守钱财啊?你到你做工的地方挖下去三尺便有银坛。"说完便化作一阵清风不见人影。三八公从睡梦中惊醒,披衣下床,发现门后多了一把开山用的锄头,于是他想:难道梦中人说的是真的,锄头也是他送来的?第二日早上天亮后,三八公拿着开山锄头前往工地,他脱掉外套奋力挖土,挖了大概三尺深,突然挖到一块石头一样的东西,三八公用衣服擦掉上面的土块,居然真的是一块银锭,而且上面竟然刻有"应三八"的字样。三八公见此,继续深挖,果然一坛坛银两源源不断挖出来,上面皆刻

芝英镇仕镰公祠

社会篇

"应三八"字样，三八公心想这真是天神助我啊！

随后，三八公就用这些挖到的银两独资建造了铜山寺，并且把铜山附近能听到铜山车锣声的地方都买下，归自己的芝英镇所有，所以历史上铜山十八寮到舟山台门一带都是芝英的地界。接着，三八公还在芝英方口塘边，坐北朝南盖起了一座祠堂，这便是如今的"仕镰公祠"。在修建"仕镰公祠"时，还给其收留的从明朝朱允炆皇宫中逃出来的宫女修建了一座婆婆厅，这是中国祠堂文化里绝无仅有的女祠，成了历史的一段佳话。现在这些历史文物，都开放供游人参观欣赏。

后来，三八公还捐赠良田兴义市，为芝英的繁荣做出了不可磨灭的贡献。芝英人为了纪念三八公这种无私捐赠乡里的义举，便将逢三、逢八的日子定为芝英的市日，这便是芝英镇三八市日的由来。

（故事来源于应氏宗亲网）

村落简介

武义县王宅镇马府下村

马府下村一角

马府下村位于武义县王宅镇中部。马府下村附近有大红岩风景名胜区、牛头山国家森林公园、郭洞景区、台山风景名胜区、石鹅湖风景区等旅游景点,当地特产及特色小吃众多,如武义铁皮石斛、武义宣莲、浙玄参、金华汤包、武义竹筒饭等。

宋祥符二年(1009年),马氏家族看准了"柱晋寺"附近的风水宝地,造田160多亩,赠于柱晋寺,并将马家诰命夫人周氏葬寺边。约1100年,东阳马氏始祖马大同后第7代世孙马远迁居到柱晋寺附近建马府,第11代世孙马光祖(正己公之子)宝庆丙戌年(1226年)中进士,历任大宋户部尚书、临安知府、江东安抚使、枢密院知事,宋咸淳二年(1266年)升授为参知政事,宦绩卓著,位至太师。南宋末年,马府子孙为避战乱,秘密隐居。

后来，在马府之下发展一村，取名"马府下"。当地百姓为纪念马府那段辉煌历史，建庙供奉正己公为本保老爷，让世代祭拜。[1]

"南包公"断案扬正气

【依法治国，明察秋毫】

马光祖（约1200—1273年），字华父，赐号裕斋，封金华郡公，谥号庄敏，南宋名臣，是与范中淹、王安石等齐名的名相。马光祖办案善于调查研究，明察秋豪，秉持公正为民众洗雪冤屈，有"南包公"之誉。现摘举二三事以明之。

惩讼棍整世风

流丐胡四四跑进街道旁曹十一家里乞讨，犯了叫化子不能进客堂的忌讳，被曹十一捆起来毒打了一顿。事隔近两个月，胡四四因病死去，恰巧其血亲胡四三也来当地，以兴讼为能事的无赖娄元英便像发现了宝货。娄元英先教唆胡四三上曹家吵闹，道胡四四乃遭其毒打而伤重不治，威胁要告官；然后自己登门，愿为胡、曹息讼，充当和事佬。曹十一怕见官，情愿拿出田产和钱财作赔偿想私了，一切均由娄元英经手，他从中狠捞了一票后将胡四四的尸体焚化。

本来这事也就算完了，孰料焚尸时，被曹晖和曹升两人看见。娄元英怕他

---

[1] 关于马光祖的籍贯说法较多，有说东阳马宅镇、东阳城西，也有说武义等，本书主要采用武义马府下村这一观点，具体可参见潘国文等《马府下村：宋参知马光祖故里》，以及《今日武义》（2012.7.26）、徐子茂《发掘马光祖的文化遗产意义重大》（新浪博客，2019.7.17）。

俩告官，败露自己的劣迹，索性来个恶人先告状，又与胡四三连名具呈，控诉曹晖、曹升包庇曹十一打杀胡四四。

马光祖审后写了判词："一开始教唆胡四三来诈的是你娄元英，继而卷起袖管发话捏合的是你娄元英，主张焚尸的又是你娄元英，最后公然具名诬告曹晖、曹升的还是你娄元英！按说胡氏之死，与娄氏有何相干？似这等无籍讹徒，别无手艺和工作，专靠搬弄词讼为生计，逐臭闻腥，索瘢寻垢，事情一到你手上，倒横直竖，全归你摆布，利益归你攫取，灾祸让别人承担。倘不痛加惩办，这社会风气的好转，从何谈起？"

马氏断案

因此判决娄元英脊杖十三，发配五百里外地方管押。审判结果被张榜公布于当地，让犯有类似过失的地痞浪人悔悟自新，洗心革面，从而达到安抚地方百姓的目的。

（故事来源于南宋《名公书判清明集·哗徒反覆变诈纵横捭阖》）

巧审"捕蛙陷夫"案

当时的处州府颁布了一条规定，禁止村民捕捉青蛙。有一村民，无视官府禁令，到田野中逮捉青蛙，欲在城中销售以换取银两。为对抗检查，他把冬瓜瓜蒂切一小口，掏去了内瓤，将捕获的青蛙藏于其中。

黎明时分，他带着冬瓜镇定自若地准备进城。可刚到城门口，就被守城的

金华故事

士兵人赃俱获地抓了个正着。捕蛙村民被带到了大堂之上，对这种事实清楚、证据确凿的案件，官府本可依律令一判了之，可知府马光祖没有这样做。

他感到奇怪的是，捕蛙村民如此巧妙的伪装，守城的士兵是如何识破的？为揭开心中疑团，马光祖讯问了捕蛙村民。问："你是什么时候捕捉这些青蛙的？"答："是半夜。"又问："你捕捉青蛙一事还有谁知道？"答："只有我的老婆知道。"

于是，知府大人便差人将村民之妻传至大堂上问话。经过一番审讯，终于弄清了缘由。原来，捕蛙村民的老婆与他人私通，奸夫为霸占她，想出一陷害村民的歹毒之计，让她教她丈夫如何捕蛙的同时，自己又向守城的士兵举报。马光祖遂将奸夫淫妇绳之以法。

（故事来源于宋·赵葵《行营杂录·捕蛙陷夫》及明朝冯梦龙《智囊全集》）

村落简介

社会篇

兰溪市夏李村

李渔故居

　　夏李村位于金华市兰溪市西部的永昌街道，距城区20千米，面积2.15平方千米，兰游公路穿境而过，因李氏聚族而居得名，也是中国古代著名戏剧理论家李渔（1611—1680年）的故乡。

　　夏李村环水绕，环境优美，人杰地灵，文化底蕴深厚，自宋理宗宝祐三年（1255年）年建村起，已有766年的历史。悠久的历史创造了灿烂的文化，村内拥有大宗祠、大士宫、晏公庙、文昌阁、"十三厅"、李渔坝、且停亭、伊园等众多的文物古迹与人文景观。夏李村被广为人知的主要原因为它是"东方莎士比亚"中国古代著名戏剧理论家李渔的故乡，村里至今仍保留李渔坝、且停亭、李渔故居、李长白祖居、永公堂、石坪坝、伊园遗址等一批历史文化古迹，也流传着当年李渔任祠堂总理治村条例"十三则"。

李渔《祠约》正乡风

【村规民约，地方治理】

李渔（1611—1680年），原名仙侣，字谪凡，号天徒，后改名渔，字笠鸿，号笠翁。因其父长年在江苏如皋经营中草药生意，李渔出生在如皋。李渔自幼聪颖，襁褓识字，"四书""五经"过目不忘，总角之年便能赋诗作文，下笔千言。崇祯六年（1633年），23岁的李渔扶父亲灵柩回原籍兰溪入祖坟。同年，娶生塘徐村（今属水亭乡）徐氏女为妻。

1646年8月，清军攻占金华，李渔返回夏李村，长住至1651年。当时村内就数李渔文化程度高，而且他与当地官员熟识，村内百姓就推他当任"祠堂总理"（相当于现在的村主任）。

李渔接手祠堂总理时恰逢乱世。盛世创业而乱世保身，祠堂事物繁杂混乱，有的村民远避山中，有的则趁乱蹚浑水，祠务管理更是无人理会，祠堂的祭田租的租、占的占，租了的不交租金，占了的赖着不退，账目混乱，处于失管状态。村内祠堂建设处停工状态已达20年，用于祭品摆供的飨堂尚未竣工，已建好的部分也因风吹雨淋无人维护而破损不堪，祠堂形同虚设，这一状态李渔是看在眼里急在心里，寻思该如何整顿祠务，重振祖业。

夏李村内一角

对于整顿祠务，李渔深信管理制度是关键，以前缺少制度，只靠主事之言，无依无据，无公信可言。李渔上任后，多次走访深入调研，召开祠堂班子会议，经集体商论研究，由李渔执笔，出台了兰溪历史上第一部"村规民约"——《祠约十三则》（以下简称《祠约》），明确了夏李村的祠务管理具体办法，其中最大亮点的是李渔首次提出"财务公开"制度。李渔在《祠约》中规定会计、出纳须分开，身为祠堂总理只需管好文券账目，"其银谷不得染指，以避瓜李之嫌"，并特别规定出纳员要择"信实而殷厚者"任之。对于财务支出，则规定祠务班子成员的票据要祠堂总理签字，祠堂总理的票据要祠务班子成员签字，如此相互制约，以免祠堂总理的"一支笔"之弊。《祠约》中还规定，除了祠务成员，须设立祠务"监理会"，并对"监理会"成员入选的条件做出严格要求："必须齿德并懋，耳聪目察，而善书写者方可，不得以少年喜事辈及昏耄无能者充位。"

夏李村村口

李渔还在《祠约》中感叹，"祠事不振已二十年"，"而今银无半分，谷无一粒，赤手空拳，从何做起？"。李渔说村里资产就只有这点祠租，"用一分则少一分、本少一分则利少一分"，针对这种状况，李渔以身作则，倡议所有班子成员不拿一分工资补贴，"不得饮祠内一杯水，以杜消耗之源，俟积贮有余，务议供给"。

对于过去的死账、赖账，李渔提出不能不偿还，但不另收滞纳金，并且偿还金额视其家境之贫富而定："有者全偿，稍贫者偿半，无者俟之将来，绝嗣者

火其券。"针对过去财务账本只"藏于一人之家，田之亩分、租之多寡，无论局外者不知，即同事之人，亦止阐其略"的混乱状况，李渔及时提出了"财务公开"制度。对于过去祠堂祭田多少、田租多少任由执事者一人涂改增删，到最后弄得一笔糊涂账，无处稽查的状况，李渔提出每到收割之前，祠堂人员要将所有田租数写成通告，张贴在村口，并注明上交期限，超过期限者一次性罚取10%的滞纳金，即"每一石罚一斗"。如有"侵占祠产及负赖祠租者，小则开祠正以家法，大则送官以灭祖论"。李渔在《祠约》中规定当年的账目必须当年结清，收支多少，积余多少，必须逐项明细，一目了然，如若账目不清，执事者以十罚，被查出有私吞贪污者则以一罚十，如若下手有知情不报的，与执事者同罚。

自这部较为完善、严明、公信的《祠约》公布执行后，李渔以身作则，任劳任怨，任职三年中未从祠堂拿过一分工资补贴。经李渔数年努力，夏李村祠事重兴，祖业得旺，百姓日子也过得一年比一年好。

李渔秉持爱民、廉政、公信的思想与开拓、创新的工作作风，求真务实，从抓住影响村庄发展、与村民关系最大的经济问题入手，推行村级财务公开，精心构筑自己理想中的"世外桃源"，经过三年多的努力，使原本贫穷落后的夏李村从村风、村貌到人均收入都有了极大改观，成了方圆百里有名的"文化特色村"。李渔公信治村的做法，对于今天健全村级民主管理、推进乡村治理、促进乡村社会和谐，有着重要的借鉴意义。

（故事来源于新浪网）

村落简介

社会篇

武义柳城畲族镇

柳城畲族镇全口塘村全景

柳城畲族镇位于瓯江流域的宣平溪上游,地处浙江省金华市武义县南部山区,为武义县南部的古老重镇,是浙江省18个民族乡镇中规模最大的一个镇,也是浙江省畲族主要聚居地之一。柳城原为宣平县治所在地,1958年宣平撤县并入武义。目前的柳城镇经区划调整,由原来的5个乡镇撤并而成。全镇现有27个行政村,1个居委会,22805人(2017年),畲族人口0.35万人。全镇区域面积172.3平方千米,柳城畲族镇是武义县15个重点产粮乡镇之一,也是受到省政府表彰的十大吨粮乡镇之一,农业产品打造"五色农业"即以宣莲、茶叶、蚕桑、板栗、香菇为主。宣莲是柳城特产,是全国三大名莲之一。宣莲始种于唐朝显庆年间(656—661年),以颗大粒圆、饱满肉厚、肉酥味美、营养丰富、药用价值高

147

而著名，清嘉庆六年（1801年）列为朝廷贡品，1993年荣获香港国际食品博览会金奖。

柳城畲族镇溪景

韩宗纲造福于民

【取信百姓、造福地方】

韩宗纲，字公范，清代直隶人。康熙三十七年，调到宣平县（现为武义县柳城镇）任县令。宣平地处偏远山区，韩宗刚初到任所，了解到此地不仅课税摊派繁重，而且陈规陋习繁多，官吏为民办事首先要索取好处费，老百姓怨声载道。韩宗纲上任后，雷厉风行、革除陋规，取消苛派，并从改革县衙恶习开始，

张贴告示，下令民状速递，严禁官吏理案层层索贿，免除苛捐杂税，违者重罚。韩宗纲出重拳整治吏治，官吏从此不敢胡作非为。此举深得民心，韩宗纲很快取得了老百姓的信任。

接着，韩宗纲亲力亲为，劝课农桑。每到春风之日，他便亲率县衙官吏到农田扶犁翻耕，号召百姓不误农时，精耕细作。每逢干旱，他亲自翻山越岭寻找水源，祈雨抗灾。康熙四十二年，宣平大旱，他开仓赈民，申文上司减免田赋，并招抚开垦，安置福建、江西及遂昌、松阳客户定居宣平，开发山区，使落后的山区出现了欣欣向荣的景象。

为解决县城居民饮用水问题，韩宗纲多次实地勘察，亲率民众兴修水利，在城内开挖水渠，引西溪之水流经全城，解决了百姓吃水、用水、农田灌溉、防火等困难。此一善举，更令韩宗纲在百姓心目中的威望日益增加，但也因此遭到同僚嫉妒，诬他私造城河，收买民心，企图谋反，韩宗纲因此忧愤成疾而故。

宣平百姓群情激愤，联名上诉，康熙皇帝派人查实，为其昭雪，命江西天师府敕封韩宗纲为宣平县城隍"威灵伯"。百姓为了纪念这位爱民如子的清官，每年农历五月十六日，即韩宗纲生日前一天，抬出他的塑像巡视三坊，举行盛大的纪念活动。自韩宗纲去世后的200余年来，宣平的五月十六日庙会从未间断过对他的纪念活动。

孔子说："民无信不立。"一个国家、一个政府如果得不到老百姓的信任就会垮掉。韩宗纲深知取信于民才能立足于民，他任宣平县令期间，勤政爱民，整饬纲纪，整顿吏治，兴利除弊，关心民瘼，为官一任，造福一方，受到了老百姓的拥戴。他忧愤而死，老百姓联名为他申冤，终得昭雪。韩宗纲去世后，被老百姓追尊为宣平城隍，永远活在宣平人民心中。

（故事来源于新浪网）

村落简介

金东乡王宅埠村

王宅埠村航拍全景图

　　王宅埠村属于金华市金东区多湖街道，位于金华市区南郊的武义江畔、梅溪口之东，与婺城区雅畈镇、开发区苏孟乡西埠头村隔江相望，离街道办事处（望俯街917号）约3.5千米。村域东以本村红穆山、大东庄山等为界，南连孟宅村，西濒武义江，北接里央田村。二环南路傍村而过，汀杨县道贯穿村域南北，交通便捷。王宅埠村域面积1.5平方千米，村庄面积约2250公亩，其中全村耕地面积1042亩。至2018年11月12日有户籍户数为598户，总人口1485人。村庄分为上（牌楼前）、中（青田沿、后花台）、下（下屋）三片，12个村民小组，一个村集体户小组。村民的经济收入主要依靠二、三产业，但又得益于武义江的灌溉，村内种养业发达，是金华主城区市民瓜果蔬菜等农作物的主要供应地之一。

太公借牛明村规

【领导带头、规绳矩墨】

王宅埠村的族长戴林太公是种田干活的能人，而且为人公正。村子附近的武义江中有一片沙洲，他根据江水的季节变化种上一些适时的谷物，年年获得好收成。不过每年武义江江水总会漫入王宅，给王宅和附近村庄带来一定的损失。戴林太公出资带人修筑了一条从孟宅到汀村全长五华里的堤坝拦洪，并在堤坝下栽树种草用以保护。堤坝修好后，戴林太公和大家立下公约：禁止在堤坝上开垦、放牛，如有违者，开垦的罚谷，放牛的杀牛。

村上有个"混混"找到戴林太公问："如果有人在堤坝上放牛怎么办？""杀牛！"戴林太公不假思索地说。"要是放牛的那个人有来头呢？""不管是谁家的，一律按照公约办，绝不留情面。""好，这是你说的，你跟我来，现在有人在堤坝上放牛。"

混混带着戴林太公一路走，一路喊："快来看杀牛哦！快来看杀牛哦！"牛是农家的宝贝，杀牛是件大事，混混这么一喊，很多人都跟了过来。还没走到堤坝，果然看见一头牛在堤坝上吃草。等走近一看，这头牛不是别家的，正是戴林太公家的。见此情景，戴林太公二话没说，立刻派人去叫杀牛的人来，同时把放牛的"小长年"（"长年"是给富人家一年到头打工人的称呼）狠狠地训了一顿。牛杀好后，戴林太公一面让人在溪滩里架起几口大锅煮牛肉，一面叫人敲锣打鼓通知村里每家每户来分牛肉、喝牛汤。

经过这件事，不光本村，上下村庄的人都晓得戴林太公是个讲话算数、铁面无私、办事公正的人。可又有谁知道，这事件其实是戴林太公为了维护公约的严肃性和"小长年"演的一场戏。不过此后堤坝上别说放牛，就连拔草捡柴枝的事都没再发生，王宅埠村及附近村庄也再没漫进过江水。

北宋文豪欧阳修曾在他的《连处士墓表》中说：行之以躬，不言而信。意思是，作为领导干部，凡事带头去做，不用多表达，也能取信于人。这就是要用自身的行为做出榜样的证明，若只是夸夸其谈，指手划脚，却并不付诸实践，说得再动听人们也不会相信。戴林太公深知这个道理，一个好的榜样，就是最好的宣传，与其坐着发号施令，不如身体力行。戴林太公不惜杀自家牛，以损失自家利益来为大家树立一个榜样的力量，以求今后全村家宅不受洪水的侵扰，这种行事以躬的治理方式值得后人学习。

（故事来源于金华新闻网）

村落简介

金东塘雅大溪口村

下溪口村村口

  大溪口村位于金东区塘雅镇，被评为2019年度浙江省善治示范村。大溪口村由下溪口村和上溪口村合并而成。下溪口村坐落在芗溪流入东阳江入口处，该村以北是上溪口村，隔芗溪以东是下吴村，村西靠下金山村，东阳江以南是澧浦镇，地处塘雅镇西南。该村主姓陆，东阳木工手艺人谋生于此发族成村。

  注：寡妇桥的故事发生在塘雅镇下溪口村，现在叫作大溪口村。

"寡妇桥"的传说

【农妇独资造桥，为地方做贡献】

残存一个桥墩的勤积桥

　　清代嘉庆年间，婺州中部、东阳江北侧，有一条艿溪由北至南流入东阳江，艿溪两岸坐落有二个村庄，艿溪东侧的"雅湖村"和艿溪西侧的"下溪口"，两村百姓和睦相处，西侧有雅湖村的田地，东侧为下溪口的田地，村民到对面的田地劳作，水浅时通过溪中一个个碇步，人们踏碇步过溪，若漫大水，碇步被淹没了，村民就无法过溪。

　　话说有一年，下溪口村有个叫陆足的村民，踏碇步过艿溪去东侧田里干农活，响午时分忽然一阵天雷大雨，没过多久，艿溪就涨起了大水，把溪里的碇步淹掉了，陆足无法过溪回家吃午饭。

陆足老婆曹氏卧病在床，无法落床，眼看将近午饭又落大雨，却未见老公归家，曹氏心痛老公遭雨淋又肚皮饥饿，便叫七八岁的儿子送蓑衣箬帽给陆足。儿子很听娘的话，拿着蓑衣箬帽送去，儿子冒雨来到芎溪边，见溪对面父亲秃头淋着大雨还在田间劳作，便大叫一声"爹爹！"勿管深浅一脚跳到溪水里，陆足见儿子要过溪连忙喊："不要……"一个"来"字还未出口，见一个大浪把儿子冲走了。陆足见状大惊，从对面也"扑通"一声跳到溪里猛游救儿子，雷雨后的芎溪水流很急，一个大漩涡，把陆足也卷到水底。就这样，父子俩便活生生地被大水冲走淹死了。

　　陆足家破人亡，老婆曹氏从此成了寡妇。此后，陆足老婆曹氏痛定思痛、并不消沉，而是勤纺积金，把悲痛全化在纺织积金上，3年多的辛勤劳织，攒下了很多

刻有文字的勤积桥桥梁

铜钱银子，随后发起在陆足父子过溪落难的地方建桥的筹款活动。在她的号召与带领下，下溪口、雅湖村等多方人士慷慨乐助，一年后建成一座长24米、宽2.15米、桥墩高4.5米，二墩三孔的平板石桥，取名"勤积桥"。

（故事来源于塘雅镇文化中心，杜根虎）

村落简介

兰溪市东山项村

东山项村内纪念碑

　　东山项村位于兰溪市游埠镇政府驻地以北4千米，村民委员会驻东山项自然村，村以驻地得名。东山项村地处丘陵，区域面积1.08平方千米，下辖东山项、下谢和叶居3个自然村，6个村民小组，254户，共712人。村民收入来源主要为水稻栽种。据项氏宗谱记载，秦末起义军领袖西楚霸王项羽（公元前232—公元前202年）后裔聚居此地，至今排行至第82代世孙。始祖贵一公由遂昌西项迁徙兰溪，第3代世孙礼三公迁至东山项，至今发族24世。

社 会 篇

东山项村项羽雕像

兄弟情深惠后人

【兄友弟恭、社会和谐】

据传，桃华山上居住着的百十户人家，是秦末农民起义英雄、人称万人鼎的西楚霸王项羽的后裔，他们从宿迁迁移到该地，并根据地名将村命名为东山项村，从此生根开花结果，代代相传。

该村东邻东张、刁家村，南连上塘坞，西近东莞，北临西风殿，交通四通八达，村前有上通诸葛、下连游埠的石板路主干道。该村出才人，各业兴旺，有木匠、泥水匠、石匠、裁缝、造酒师、制酱师傅、教书先生、医生、风水先生、小贩等各行业的从业人员。

原村中人口密集，但村内的一口水井是村民的唯一水源，村内用水不便，已成家家户户生活的难点，大家希望修建一处大水塘，供村内使用，以求实惠。

一年夏天，天气特别炎热，突然间天空乌云密布，恶浪翻滚，雷声大作。此时，村前大路上有一位客商经过，往鱼塘方向急走，突然间"哗"的一声，一阵狂风将路上行人卷上了天空。风雨停后，村民项亮外出看田水，发现前山头岗上躺着个人，走近后用手摸之以鼻，此人昏迷不醒满身泥水但仍有气息，项亮即刻对他进行简单救治，不久后，该路客逐渐苏醒，但全身受伤严重，多处骨折，不能动，痛苦呻吟。

项亮叫来几位村民，将受伤路客抬回了自家，又去游埠找来骨伤医生给予救治。第二天客人伤痛渐止，神智渐清。他说，他本人是兰溪北乡官塘村村民，名官纯清，家做药材生意，从兰溪走水路到游埠，欲到朱士仁户拆货款，不成想到，朱老板本人前往姜坞底村，到姐姐家为其姐祝寿，于是他从游埠走此路去姜坞底经过该地，遇上大风，遭到不测。

官纯清在项家调理了一周，后由项亮将其送往朱老板家。官纯清回家后，带厚礼到项亮家以谢救命之恩,项亮坚而拒之,并说:"人一生当以积德为策,你我外出难免经受祸福,我多一个朋友,多一股力量,何乐而不为之乎?"

经此事后,二人结拜为兄弟,两家时常往来。某日,两人在村边散步时,官纯清对项亮说:"我见你家边的水井,井水不足用,村边的这片低洼地,如果将其改挖成一个大水塘,不仅可供生活用水,还可养鱼、养鸭及种藕,到了夏天,人们还能在水中嬉水,将是一派生机。"项亮说:"族人早有过设想,可眼前这片低洼地是种粮食的宝地,挖塘要买土地,近十余亩的土地款项,一时无力凑齐"。官纯清听后讲:"既然如此,你村人有恩与我,你我已结为金兰,你的困难,同样也是我的困难,钱不是问题,我来想办法,但挖塘的人力可需要你亮兄担担子哦。"项亮答:"我族人实在,只要能助力全会上。"

甲午年乙未月戊申日庚申时,东山项村开工修塘,通过全村村民努力苦干3余月,10余亩面积的大水塘修建完工,村内百姓的生活用水问题得到彻底解决,塘水还灌溉四周农田,农作物丰收。

恩情值千金,兄弟情谊深,为人多积德,福荫后人田。为纪念这一段兄弟情义,村人将这口大水塘命名为官塘。

(故事来源于兰溪新闻网)

村落简介

金华市银坑村

银坑村内一角

金华市婺城区沙畈乡银坑村位于金华南山,地处武义、遂昌、婺城区三县(区)交界处的深山里,距离金华市区60多千米,是浙江省第一批革命老区。全村425户,人口1034人。村内耕地52.6公顷,园地25公顷,林地2226.6公顷,村集体土地面积1693.3公顷。

银坑村是拥有光荣革命历史的"革命根据地",早在1932年就有共产党在此处组织活动。1935年5月,粟裕将军率领中国工农红军挺进师驻扎于银坑村,在此筹划、指挥浙西南3年游击战争,也曾发展了一批党员、建立组织,创建了"浙南革命根据地"遂、宣、汤边区特委。当年，银坑村有一批有志青年加入红军队伍，广大穷苦人民积极地支持、协助、投入红军开展的革命活动。

银坑村文化礼堂（工农红军挺进师展览馆）

银坑村粟裕雕像

金华故事

粟裕与民共迎灯

【军民鱼水情，入乡随俗】

1935年5月20日，由粟裕率领的红军挺进师来到了金华银坑村，一进村即开展宣传，发动群众斗土豪劣绅，并将地主家的浮财分给贫苦农民，村里村外土墙上到处张贴和书写了"红军是农工自己的军队""农民的军队""工农群众团结起来，打土豪，分田地"等大幅标语。此后，该红军挺进师留下20余人在银坑、门阵等地坚持游击活动，而大部队则由当地农民带路前往汤溪上阳、南坑和祝家畈等地开展活动。

1937年初春的一天，粟裕来到芝肚坑村地下党负责人钟土根家，商量反围剿并建立游击根据地等要事。这天，芝肚坑村群众正准备过元宵迎龙灯，听说粟裕进了村，有人就议论说红军反对迷信，不好迎龙灯了；有人说迎龙灯会暴露目标，不安全。大伙不知该如何处理，于是有人提议请钟土根给大家出出主意。几位群众代表跑到钟土根家，把他叫下楼来商议。他们正说着话，不料被粟裕听到了。粟裕身为红军的领导，却无半点架子，平易近人。他走到楼门口说："今晚迎龙灯是吧？不需要瞒着我，我们工农红军官兵一致，军民平等，为什么不能迎龙灯？红军么，就是要迎迎红的嘛。"说完粟裕便叫警卫员

银坑村粟裕纪念馆

去买红布和红蜡烛。

　　粟裕的话传到村民的耳朵里，大家顿时欢腾雀跃，互相转告。很快家家户户都点起了红灯笼，放起鞭炮迎接龙灯。龙灯从芝肚坑村迎到上下塔背，趸回又向黄坛井迎去，之间山垅里每个村庄都悬挂红灯笼迎接龙灯，巨龙飞舞，灯光闪闪，最后又回到芝肚坑村。

　　当晚，陪着粟裕来看龙灯的钟土根说："红军来了，我们百姓可以过个好年了。"粟裕说："红军闹革命是为了让百姓过好日子，眼下因大家都很艰苦，待我们胜利后，生活定会好起来。"粟裕说着便让警卫员把自己所积攒的银元交给钟土根，让他把银元分给村里贫困户，许多贫苦农民一直珍藏着粟裕发的这块银元，直到迎来全国解放。

　　粟裕的话，从此像一盏红灯照亮百姓心头。当年4月，芝肚坑村、银坑村、紫坑村、门阵一带方圆百里，就在粟裕的领导下建立了游击根据地。

　　国内解放战争早已成为历史，但在赢取国内战争胜利过程中的许多历史细节，彰显了军民的鱼水情，更彰显艰难环境下红军的高风亮节与为人民服务的精神。或许今天看来这都是些微不足道的小事，但它们发生在那个物资条件及其匮乏的年代，在那样的背景下，红军上下全心全意实践着为人民着想、为人民服务的信念，所到之地皆用心书写军民一家

银坑村村内粟裕纪念馆内景

亲的历史佳话，正是这样以心换心，才最终赢得人民的信任、取得战争的胜利。这些精神也是今后一代代共产党员必备的基本素养，更是所有共产党员的初心所向、使命所在。

粟裕（1907—1984年），侗族，湖南会同坪村乡枫木树脚村人，1926年加入中国共产主义青年团，1927年转入中国共产党，曾参加南昌起义，后随队转移到井冈山。曾参加多次反"会剿"，以及率部参加中央苏区第一至五次反"围剿"，是中国杰出的无产阶级革命家、军事家，1934年7月起，参与指挥红军北上抗日先遣队，转战闽浙皖赣边，任挺进师师长、闽浙军区司令员。1955年，被授予大将军衔和一级八一勋章、一级独立自由勋章、一级解放勋章。

（故事来源于金华旅游网、美篇网）

村落简介

磐安尖山镇榧里村

榧里村村景

　　榧里村，地处磐安县尖山镇向西25千米处，呈燕窝形，东至塘田村，南至东阳黄谷坑村，西至东阳三单玉溪村，北至新昌。全村辖3个村民小组，现有农户149户、400多人。

神民同心共筑路

【神话故事，地方发展】

说起榧里村村名的变迁，得从天台皇都村迁移过来的第一任太公（名字无法考证）说起。据传，第一任太公迁移过来之前，此处有村名为金勾村，其后不知何原因，金勾村消失在历史中。不久，天台皇都村一户陈姓人家（第一任太公），迫于生计迁移至此地，之后这儿慢慢发展形成了一个新的村落，当时起村名为老土地村。关于老土地村这一村名的由来，有这么一个传说。

相传，原先的榧里村四面环山，出村只有一条小道，村民出行不便，生活清苦。太公有感于此，许下宏愿，要为村民生计开辟一条出山之路。为此，太公召集村民开会，谋划此事，也希望乡亲邻里能出工出力一起搬山开路，为全村谋福利。开始一切都很顺利，当路做到村口大山脚下时，因为要开凿山体，触怒了山神。山神一怒之下，禀告了天帝，说当地村民不敬天、不敬地，天帝听了山神的话后，大发雷霆，命令天神下凡镇守此处，禁止村民开山造路，并且在晚上搬来大石头堵住村民白天开凿的山路。

面对天神的镇守与其所设的造路堵石，太公束手无策，只能带人拜求村周边所有庙宇的大小神灵，希望神灵明白自己和村民无意冒犯天地，只望开凿出山之道，便捷乡亲邻里的日常生活，期盼得到他们的帮助。然而，这些神仙怕触怒天帝，都避之不及，只有一位土地公有感于太公的不易，想帮助大家。

在修路被阻的第三天晚上，天神照旧把不知是从哪里搬来的大石头堆积在村口，没多会儿功夫就把村民白天搬完的地方又给填满，忙完后天神就在山顶入睡等待天明。当晚，想帮太公的那位土地公在暗中观察后，想到了一个办法——扮鸡叫（鸡啼）。下凡镇守的天神听到鸡啼声，以为是天快要亮了，立马启程往天上赶。等天神回到天上后，土地公马上托梦给太公，告诉他，天神已退可以修路了。太公从梦中惊醒，立马召集村民赶到村口查看，发现天神果真已离开，便抓紧带领大家继续修路。就这样，一天，两天，三天……

不久，在大路即将修好时，天神才发现，原来一直是土地公在暗中帮助修路，气得发誓要把土地公抓回天上，交给天帝惩罚。为此，双方在榧里村外一个叫里石岩的地方斗起了法。最后，天神不敌土地公，一怒之下一刀劈向一块岩石后便逃回天上复命，里石岩处的这块岩石上也就从此被刻上了一条20公分长的刀痕。土地公战胜天神后，榧里村的太公终于可以继续带领村民安心修路，而土地公因为触怒了天神，知道瞒不过天帝，主动上天接受了惩罚，之后土地公便再也没有出现过了。为了感恩、纪念土地公，太公带领村民在村中心修建了一座土地庙，并把村所在地取名"老土地村"。

"老土地村"这个村名，喊着喊着，村民们都觉得很拗口。为此，太公和族

村内榧树

人们商量着换一个村名。这时，村中一处奇观引起了太公的注意，即村中有4棵600年左右的古树共生共荣：一棵古香榧居中，两棵榉树和一棵枫香紧紧拥着它，四棵古树盘根交叉，长势旺盛，枝繁叶茂。古香榧树干从根部到4米处与左边的枫香树干、右边的榉树树干交融在一起，有一种你中有我、我中有你的亲密感。这个奇观给了太公灵感，觉得这是在述说土地公与全村百姓间心心相连、刻刻相守，为此太公将这一想法告知乡亲邻里，商量借此取名榧连村如何。村民皆说此名甚好，这几棵古树一定是土地公放心不下大家，于是幻化在此留着全村，取名榧连村，便是感恩土地公，让村里世世代代不忘土地公的恩德。于此同时，有村民说，香榧树也是土地公心系大伙儿的收入，给大伙儿支招增收呢。于是在不久的后来，该村发展了大量的香榧，村子被成片的榧树包围着，因而最终改名为"榧里村"。

  遗憾的是时至今日，当年成片的古香榧树早已荡然无存，但关于古香榧树的记忆永远留在村民心中。

（故事资料来源于磐安新闻网，记者为周文康）

「金华故事」

个人篇

金华故事

"人民是历史的创造者，是决定党和国家前途命运的根本力量。我们党来自人民，植根人民、服务人民，一旦脱离群众，就会失去生命力。"

——《习近平谈治国理政》

"爱国、敬业、诚信、友善"是从个人行为层面对社会主义核心价值观基本理念的凝练，它是公民基本道德规范。它既是社会价值标准和行为规范，更是每个中国人在追求个人幸福生活的具体体现。他们在生活中勇敢、与人友善，兢兢业业地做好自己的本职，大胆地追求自己的权利和幸福生活，正是这一个个百姓，他们在追求幸福生活中所遵循的社会道德和准则构筑了美好生活的新篇章。

村落简介

个人篇

义乌城西

义乌国际商贸城

　　义乌原名乌伤，嘉庆《义乌县志·童楷序》："邑以乌名，志孝也。"秦将王翦平定江南时就在此设"乌伤"县（是浙江境内最早15县之一）。汉朝王莽政权时期改为"乌孝"，东汉建武初年（公元25年）又复为"乌伤"。至公元624年，改称"义乌"，后一直沿用至今，距今1300余年。

　　义乌是我国国家级综合改革试点县级市，2013年中国最富有10个县级市排名第一，是全球最大的小商品集散中心之一，被联合国、世界银行等国际权威机构确定为世界第一大市场。

义乌的由来

【以孝立德、情深义重】

"乌伤"地名来自一个孝子的传说。西汉经学家、文学家刘向（约公元前77—公元前6年）在他所著的《说苑》一书中载："颜乌，乌伤人。亲亡，负土为大冢，群鸦数千，衔土相助焉。乌既死，群鸦又衔土葬之。"这是历史上关于颜乌的最早记载。颜乌以其感天动地的孝德备受历代推崇，有关他的神话故事在义乌广为流传，且版本不一。

相传，颜乌，乌伤（今浙江省金华义乌市）人，父颜凤。他们一家人独居荒原，以耕作为生。生活虽苦，但合家团圆，日子倒也过得舒心。可是，灾难偏找穷苦人。不久颜乌的母亲因操劳过度、身体极度虚弱而离开了人世，丢下年幼的颜乌与父亲相依为命。

颜乌的父亲颜凤，因受祖上被称为圣人的颜渊的一箪食、一瓢饮而不变其志的安贫守道思想的影响，对颜乌言传身教甚笃。他既当爹又当娘，苦苦地把颜乌拉扯大。家境的贫困，生活的磨难，培养了颜乌勤快、孝顺、善良的品格。

颜乌体贴父亲年老体弱，不让父亲干重活。从田头回到家里，总是抢着做饭烧菜，且每次都等父亲吃好了才拿起筷子。夏天，蚊子肆虐，颜乌总是给父亲打扇驱蚊；冬天，颜乌总是用自己身体温暖被

颜乌之墓

窝后再请父亲安睡。

有一次，颜乌发现有一只小乌鸦因腿伤而落在地上"呱呱"地呻吟着。颜乌将它抱回家，精心地治疗、喂养。把它的伤治好了，养大后就放它飞回蓝天。从此，鸟儿们将他当作好朋友，这只乌鸦常领着一群群乌鸦在他家房前屋后盘旋，久久不肯离去。天有不测风云，颜凤终因一场大病，撒手西去。颜乌悲痛万分，哭了三天三夜，哭得死去活来。颜乌家贫如洗，附近也没有什么人家，安葬先父只得靠自己。他拼命地挖，工具坏了，用手挖，整整挖了三天三夜，直挖得双手血肉模糊……过度的伤心、劳累，饿着肚子的颜乌最终晕倒在地上。颜乌的孝心深深地感动了乌鸦。那只被他救过的乌鸦领着一大群乌鸦"呱呱"地飞了过来，它们衔泥来帮颜乌筑坟。乌鸦们的喙在啄泥时都被磨破，流出了殷红的血，只见坟上堆起的竟是一个个紫红色的泥团。

坟筑好了，乌鸦渐渐离去。可是不久，乌鸦突然又多了起来。过路行人甚为奇怪，过去一看，原来颜乌由于过度悲伤和劳累，竟死在父亲的墓旁。乌鸦又在衔土掩埋他的尸体。为了纪念颜乌的孝行，人们在这里建起了一座孝子祠。后来为了纪念那些筑坟受伤、情深义重的乌鸦，人们把这一带叫做乌伤。

"义"在古文中指仁义，后引申为忠义、信义、孝义等内涵。义乌人一直以颜乌的精神为立身处世，待人接物的榜样，而历代县令也都以颜乌的孝德作为教化榜样。如今，义乌的小商品已经走向世界，肩负着向世界展示义乌人信用、先义后利之精神，以及渊远流长的中国文化的重任。

（内容根据传说整理所得）

村落简介

婺城汤溪镇贞姑山村

贞姑庙

贞姑山村位于浙江省金华市婺城区汤溪镇。据《金华之最》一书记载，金华县境内至今发现新石器时代晚期和商周时期村落遗址共7处，其中一处是厚大乡东北村东真（贞）姑山遗址。在贞姑山村，最让村民自豪的是村中有一座贞姑庙，村民视贞姑为保护神，贞姑庙的社火常年香火不断。贞姑山种茶历史悠久，贞姑仙茶闻名遐迩。每到春茶开摘，兰溪商人甚至许多徽商都专程赶来指名要贞姑仙茶，不过贞姑仙茶现已失传。在贞姑山村，有一种神秘的棋子似玉非玉，似石非石，大小不一，见到的人无不称奇，被村民们视为宝贝。

贞姑的传说

【婚姻自由、个人权利】

在越溪旁边，有个高崖清流环抱、风光绮丽的小村——贞姑山村。自商周以来该村始终保持四五十户人家，村里流传着贞姑的传说。

相传在商朝，土崖下已生息着几十户人家。其中有一殷实之家，生养了一位女孩叫贞姑。她美丽善良、知书达理。每到春天，崖上一望无际的茶林就开始萌新吐绿，贞姑每天带着一双粽子上山采茶，由于她采摘的茶叶愈来愈少，回来也一天比一天晚，村坊就传出一些风言风语。这引起了家人的极度关切。

有一天，父亲从田畈回来，天色将晚，见女儿还没回来，就扛把锄头上山寻找，对着茶林呼喊，可喊哑了嗓子也不见回应。父亲心里就不安起来：这山常有虎豹出没，莫非被叼去吃了？正在他万分焦虑的时候，看到茶树丛中微露白色衣襟，就悄悄地过去，走近一瞧，原来女儿正全神贯注地与一位白衣秀士对弈，忘了时间，忘了周边的一切，哪里还能听到父亲的呼唤。其父见女儿与一位男子在一起，觉得伤风败俗，有失体统，勃然大怒，气冲斗牛，举起锄头就向女儿砸过去。不曾想白衣秀士是一位神仙，在锄头落下的瞬间踢翻了棋盘，一手挽起贞姑飞天而去。飞到云端时贞姑回首再看了一眼生养她的家乡，丢下一颗棋子，那颗棋子落地后立即化成皂角树。

贞姑与白衣秀士敢于冲破伦理纲常，情投意合，真心相爱，但他们并没有做出格的事情。然而有冤难诉，她只得用棋子化作皂角树，期待世世代代的人们为她洗刷冤情，还她清白。

贞姑丢下棋子化的皂角树随着斗转星移，已长成两人合抱不下的大树。它盘根错节，枝桠虬龙，势若华盖。虽然历尽岁月的创伤，依旧巍立在土崖的高处，对几十里以内溪流平川一览无余，好像贞姑在向世人倾诉她的冤屈。

个人篇

175

村民视贞姑娘娘为保护神,常年香火不断。每月初一、十五逢年过节,家家户户都到贞姑庙供奉。过年时,妇女们纷纷聚集庙里等待新年子时祭拜。贞姑娘娘原是村里的姑娘,她的故事能传到今天,家喻户晓,主要是由于她的事迹贴近生活,让老百姓有认同感。特别是她为了争取自主婚姻,敢于斗争,引起社会广泛的同情和共鸣。

村民口中的神秘棋子

婚姻自由、婚姻自主是男女的基本权利与共同愿望。我国封建社会无所谓"婚姻自由",父母或兄长在婚姻问题上享有决定的主导权,个人无法自主选择,甚至被认为是大逆不道。有情人难成眷属,缺乏爱情基础的婚姻,酿成了许多家庭悲剧。贞姑为了争取自主婚姻,同封建势力抗争的故事,引起社会广泛的同情和共鸣。在历史上,为了冲破家庭包办婚姻的牢笼,摆脱传统封建婚姻的强制性,不少男女青年与顽固强大的封建势力进行了可歌可泣的斗争,既是人性理念的解放,也是社会文明进步的客观现实。

【故事来源于华建勇、赵风富主编《南山采菊·汤溪古韵》(2016年)】

村落简介

个人篇

东阳斯村

斯村村口

斯村位于东阳市城东街道。斯村地处东阳市城郊结合部、城东街辖区范围的中心部位，南临青山，北倚东阳江，东副坤集散中心，西赛点休闲山庄，家居环境优美，人杰地灵，加上有号称"华东第一水源"的地下水，真乃风水宝地。斯村是一个美丽的历史名村，东阳县志称："东阳有八大姓，姓斯为首胜。"天下斯姓源东阳，东阳斯姓源斯村。多年来，斯村获得诸多荣誉，系浙江省基层廉政党风建设示范村，浙江省党建强、发展强"双强百佳"行政村，浙江省重点培育示范中心村，浙江省农村基层党风廉政建设示范村，浙江省村务公开民主管理示范村、浙江省民主法治建设示范村、浙江人口和计划生育基层群众自治示范村，金华市文明村。

斯村地名的来历

【父子情，舍身救父，家庭和谐】

斯姓为吴大帝孙权赐予史伟。三国时期，有个"史敦"，从山东迁到东阳吴宁后里。他父亲史伟，在赤乌元年（238年）察访狱吏职守，见到狱中关押着枉受冤屈的百姓，于是萌生恻隐匡谬之心，将狱中无辜百姓悉数释放。不料此举竟然触怒了孙权，被治以抗旨犯上之罪，判以极刑，以死谢罪。

话说，在中国古代，法律有着现代人难以想象、不可思议的"人情味"，特别在"孝"这件事上，显得特别人性化，譬如说包庇亲人、亲亲相隐无罪，又譬如说家里有老人无人供养可以死罪不死的"存留养亲"制度……而最令人不可思议的是代亲受刑特赦制，就是无罪的人替有罪的亲人承受刑罚，主要有死刑、杖刑、劳役等。从汉武帝"罢黜百家，独尊儒术"之后，儒家思想成为了中国历朝历代的正统思想，因此，中国自古以来特别重视"孝道"。特别是代父受刑，史料中几乎无处不见。

事发后，史伟的儿子史敦、史从还小，在刑场上一同面君，泣血陈情哀求，愿代父一死。吴帝孙权认为兄弟俩孝行可嘉，但念他们只是孩子，未必出于自愿，便很严厉地说："我可以允你们代父一死，但你们知道人死不能复生吗？"兄弟俩齐声答道说："我们当然知道。但只要父亲脱险，我们情愿去死。"吴帝孙权又问："你们知道受刑苦吗？"兄弟俩回答："我们代父受刑，苦也情愿。"面对酷刑，兄弟俩毫无惧色，一再申明："我们是代父受刑，死也心甘。"

兄弟俩争着替死，互不相让，弄得刽子手无从下手。哥哥请求道："我代父受死是甘心情愿的，只要父亲能够免死，我死而无憾！弟弟还年幼，大好青春，还没好好体验过世间生活，我是哥哥，理应由我承担责任，撑起家里一片天。"而弟弟也毫不退让，请求道："正因为我年幼，不如哥哥更有能力侍奉好双亲，由兄长照顾双亲我才能放心，让兄长替死万万不能。哥哥你的好意我心领了。还是让我代父受死吧！"

吴帝孙权见状深受感动，觉得他们至孝于斯，于是脱口称赞道："斯孝子也。"于是赦免史伟无罪，官复原职，并于赤乌二年九月（239年）诏赐伟公以斯姓，斯姓由此诞生。史伟后来无疾而终，享年83岁。斯氏家族自此在东阳繁衍生息，且"斯"姓都发源于东阳。为纪念斯孝子，斯村也被称为斯孝村，后简化为斯村。

斯村为斯姓较大的聚集地之一，另一个聚集地为诸暨市的是斯宅村，是由东阳斯姓迁出定居形成的。

斯村宗谱

东阳县志称："东阳有八大姓，姓斯为首胜。"天下斯姓源东阳，东阳斯姓源斯村，在漫长的近二千年的历史长河中，"孝子公"斯敦的子孙后代在全中国乃至世界各地繁衍，生息发展。

古人云："百行孝为首。"孝悌是中国文化的基础，孝敬父母、赡养双亲是中国人的传统美德。父母之恩，水不能溺，火不能灭，儿女即使粉身碎骨也难报父母恩情。史敦、史从兄弟俩争相行孝代父死的故事，感人至深，千古流芳。让我们牢记"内睦者，家道昌"的古训，用孝行把家建造成固若金汤的堡垒。

【故事来源于兰溪文化部刘飞波（整理）】

村落简介

金东区傅村镇上柳家村

金华市重点文物保护单位宋濂故居遗址

上柳家村位于金华市金东区傅村镇境内,域内有乡村旅游四季不涸潜溪、宋代文臣之首宋濂故居遗址、千年佛教圣地禅定古寺。上柳家村是明初著名政治家、文学家、史学家、思想家,被明太祖朱元璋誉为"开国文臣之首"的宋濂的出生地。1268平方米的宋濂故居遗址,在金华金东区傅村镇上柳家村东北角的乡道边,遗址处竖着一块石碑,上面写着"宋濂故居遗址"字样。真正的宋濂故居并不在石碑竖立的地方,而是在石碑的后方(禅定古寺的西北角),古时叫作宋宅村,宋濂整个家族住在那儿。

宋濂求学

【诚信好学、刻苦努力】

宋濂是明朝开国文臣之首，明初诗文三大家之一，祖籍金华。他从小就特别喜欢读书。可是，那时家里很穷，没钱给他买书，所以宋濂只好去别人家借书来读。每次借书，他都会按时还，所以大家都很愿意借书给他。

有一次，小宋濂从别人那里借来了一本好书。他越读越喜欢，最后决定把整本书都抄下来。眼看还书的日子就快到了，他只好日夜不停地抄书。当时正是冬天，天气非常冷。夜深了，母亲看到宋濂还在抄书，心疼地说："孩子，这么晚了，天又这么冷，还是等天亮后再抄吧！实在不行，就晚两天再还。"宋濂却说："那怎么行呢？到了时间就得还。如果我失信于人，就是对别人不尊重。以后谁还会借书给我呀？"就这样抄了几天，宋濂终于赶在还书的前一天抄完了，并按时把书还给了别人。

还有一次，宋濂和一位远方的老先生约好了时间，要去向他请教问题。可是，出发的那天，突然下起了鹅毛大雪。宋濂一点儿也不在意恶劣的天气，收拾好行李准备出发。

母亲看到宋濂背起行李，拉住他问："孩子，你这是要去哪里啊？"

宋濂回答说："我跟一位老先生约好了日子，要去向他请教问题。"

"可是这样的天气怎么能出远门呀？而且你只穿着一件旧棉袄，根本抵挡不住深山里的严寒，还是等雪停了再去吧！"母亲心疼地劝宋濂。

宋濂坚定地说："娘，如果我今天不出发的话，就没办法在约定的日子到达老先生家了。所以，就算风雪再大，我都得出发。"说完，宋濂就冒着风雪上路了。

西北风猛烈地刮着，大雪不断地下着。不到一会儿，积雪就没过了宋濂的膝盖。他艰难地在雪地里行走，雪地上留下了一串长长的脚印。

当宋濂按照约定的时间赶到老先生家时,老先生吃惊地说:"下这么大的雪,我以为你今天不会来了!"

宋濂回答说:"既然我之前就跟您约好了时间,就必须按时到呀!"

老先生听了宋濂的回答,忍不住称赞道:"年轻人,你守信好学,将来一定会有一番作为!"

后来,勤奋、诚信求学的宋濂成了有名的学者。

古人云:"书山有路勤为径,学海无涯苦作舟。"学习贵在勤奋刻苦。宋濂向人借书学习,日夜不停地抄书,言而有信,准时归还,不辞辛苦赴远方拜师求学,在艰苦的条件下,始终没有放弃学习的追求。他充分展现了勤奋好学、诚信、谦虚、坚毅的学习品质。正如宋濂在《送东阳马生序》所言"以中有足乐者,不知口体之奉不若人也",启发当今人们要重视对良好学习品质的培养。

宋濂(1310年11月4日—1381年6月20日),初名寿,字景濂,号潜溪,祖籍金华潜溪(今金华金东区傅村镇上柳家村,宋濂22岁时迁居金华浦江青萝山教书)。据沿华村《潜溪宋氏宗谱》记载,宋濂前四代先祖从义乌平望迁至金华市金东区傅村镇潜溪上柳家村。大约在公元1500年左右,宋濂胞兄后裔迁至同属潜溪流域的沿华村,繁衍至今。

宋濂画像

(故事来源于搜狐网《宋濂诚信求学》)

村落简介

婺城汤溪镇节义村

节义村文化礼堂

　　节义村位于浙江省金华市婺城区汤溪镇西面、九峰山北面,形成于北宋末年,是一个美丽而历史悠久的村庄,与寺平古村落毗邻。2014年获金华开发区"美丽乡村建设竞赛活动精品村创建"一等奖,2017年获得"美丽宜居浙江样板双百村"荣誉称号。节义村附近有萧家小龙桥、汤溪城隍庙、汤溪镇寺平村、九峰山风景区、汤溪戴氏宗祠、寺平村乡土建筑等旅游景点,有金华两头乌猪、金华酥饼、藤稔葡萄、薄片火腿、云峰香榧等特产。

节义村的由来

【夫妻情，守节重义，家庭和睦】

宋仁宗年间，在汤溪九峰山下龙丘那一带，住着一位姓邵名彦荣的青年。

邵彦荣自幼聪颖好学，见义勇为，大家都说他是个上进的年轻人。邵彦荣18岁时与胡氏结为夫妻。胡氏善良、贤慧，夫妻俩男耕女织，生活过得挺美满。

婚后第二年，遇上大比之年，邵彦荣上京应考，金榜题名，被封为河南青州通判，任大夫职位。邵彦荣在青州为官11年，廉洁奉公，爱民如子，深受百姓的爱戴和敬重。31岁这年，他奉诏平定反国，钦命"平反国"将军。在一次战役中，因敌众我寡被围困在山坳，邵将军身先士卒，带领勇士奋力突围。后来，平定了反国，邵将军在该国代王3年。

再说，邵将军之妻胡氏，在家尊老爱幼，孝敬公婆，第二年又添了一个公子，取名邵忠。突围时走散的士兵误以为邵将军阵亡，为国捐躯，将这个消息告诉了胡氏，胡氏痛不欲生，悲伤不已。

可是，在胡氏悲伤之余，胡氏兄弟却心怀不良，将其暗地里卖给当地的一名绅士。胡氏得知此事，痛恨兄弟做事荒唐，并发誓"我胡氏生是邵彦荣的妻，死亦为邵家的鬼，决不转嫁他人。"为了表示对夫君的忠贞，她在回娘家途中，吞金殉身。后来人们为了纪念她，将胡氏吞金的地方取名为黄余墩。

邵将军在反国代王3年回归故里探亲，惊知爱妻为自己殉节身死，大哭悼念亡妻。自己为官在外，没能照顾好妻子，深感内疚。他想，妻子为自己守节殉身，我邵彦荣也当重义而活。从此，邵将军立志守鳏不娶。后来，辞官隐居九峰山下。

邵彦荣将军与妻胡氏殉节重义的故事在家乡传为美谈，直传到了当今皇上的耳朵里，钦封邵将军的家乡龙丘为"节义"。现在中戴乡节义村的村名就是由此而来。

节义村文化长廊

俗话说："一日夫妻百日恩，百日夫妻比海深"。"节义村"的由来叙说着邵氏夫妇殉节重义的故事，夫之义不更娶，妻之节不辱身，完美地诠释了"忠孝节义"的真谛，浩然正气被世人传为美谈。天地正气，节义千秋，"忠孝节义"不仅是封建社会的道德倡导，也是构建当代中华民族精神的文化底蕴，是新时代传承社会主义精神文明建设和弘扬社会主义核心价值观的必需的品质。

【故事来源于华建勇、赵风富主编《南山采菊·汤溪古韵》（2016年）】

村落简介

永康市八字墙村

清康熙年间古建筑新厅

　　永康花街镇八字墙村位于义乌、武义、永康交界之地，是古代交通要道。据村里的宗谱记载，八字墙村古称柳村，村始祖于宋朝迁居于此，距今已有近千年的历史，是一个有着传奇色彩的古村。八字墙村历史悠久，人杰地灵。悠久的文化培育了许许多多的名人。该村有一古樟树，已有710年历史，已被列为国家一级文物；有一座古桥，修建于中华人民共和国成立前，是当时人们进出该村的桥梁纽带；有一座古寺——清泉寺，修建于明朝年间。

各让半丘又何妨

【礼让宽厚、邻里和谐】

桐城"六尺巷"故事家喻户晓，而永康也有一个类似"六尺巷"的故事，这个故事就发生在金华、义乌、武义、永康四地交界的一个古老村庄——八字墙。故事精彩的程度绝不亚于桐城"六尺巷"，并且发生时间要比桐城"六尺巷"故事早约500年。

南宋偏隅临安开始，北方人口大量迁徙江南，地处温处台与婺衢严陆路孔道上的八字墙，随着过往人流物流增多，交通区位优势逐渐显现。南宋庆元年间，这里先迁来一户柳氏人家，居住在后溪（贯穿八字墙南北的一条小溪）之东，村名叫柳村。后来后溪之西又陆续迁来黄氏和方氏两户人家，三家两地仍合称柳村。溪西两户人家开始相处和睦，但日子久了就因利益问题发生一些争执，特别是用水问题上，黄家凭借儿子多，霸占了后溪的埠头（现今的埠头叫黄家埠头），逼得方家人只得在村西头筑水塘（现今叫厚仙塘）以供洗涤之用，由此两家结下梁子。

随着往来客商不断增多，村口一块三角地便自发形成一处商品交易场所，而这块三角地方家与黄家本就划界不清，于是两家为此又发生了激烈争吵。黄家仗着人多势众一时占得便宜，方家觉得上次争水已经吃亏，这次争地无论如何也要争赢，于是写信求助在外做太守的儿子。知书识礼的方太守马上回信，家人将信打开一看，只见信中仅留诗一首，诗曰："睦邻积善保清坊，让出半丘扶贾商。刘备孙权付谈笑，百年之后在何方？"家人很快领会了方太守的良苦用心，马上将三角地旁的半丘田（约半亩）让出，无偿提供给来往客商摆摊经商。方家的行为让黄家感到无地自容，感觉你方家让得起我黄家也让得起，于是也让出三角地另一旁的半丘田，同样也无偿提供给来往客商摆摊经商。

个人篇

187

方黄两家的义举一时传为美谈，两家不但和好如初，"各让半丘"的故事还惊动了当地官府。官府为旌表方黄两家的义举，特地在村口造了三间过厅（村民叫三间厅），一来让村民有一处集会休闲的场所，二来方便客商歇脚避雨。三间厅左右两边连接建起两堵八字门墙，向南敞开，寓意招纳八方之财。在三间厅后建照壁一座，上书"保清坊"三个大字。三间厅、八字墙、保清坊从此就成为该村的标志性建筑物，八字墙也因集市兴旺而名声远扬，集市日也因此就定在农历逢"三、八"的日子，隔五日会办一市。邻近金华、义乌、武义的客商云集此地，"赶八字墙市"一时成为各地客商经常挂在嘴边的流行语。后来溪西村庄不断扩大，八字墙集市的名声也越来越大，最后八字墙的名字由集市名变成了村名，柳村地名反倒被人们逐渐淡忘。

八字墙村的千年清泉

现今，老市基边的八字门墙早已经没了踪迹，保清坊照壁也毁于20世纪50年代，但约1亩左右的老市基还在，依稀还能看出八字墙朝南开放的形制。庆幸的是三间厅历经沧桑至今保留。它历经宋元明清，败了建，建了又败，败了再建，现在留下的是清末的建筑，虽然破败简陋，但终究还算有点痕迹遗存。而今也随着八字墙外来人口的不断迁入，黄家与方家后人也相继离开八字墙，至今已不知所踪，这正应了方太守那句"百年之后在何方？"的谶诗。但"各让半丘"的故事留传下来，成为睦邻友善的典实，成为八字墙人的精神高地，造就了一代代八字墙人谦让友善、海纳百川的情怀。

俗话说："远亲不如近邻，近邻不如对门"，是对邻里关系重要性的精辟总结，和谐的邻里关系是构建和谐社会的基础。双方"各让半丘"，不计前嫌。黄家与方家的义举获得官府的表彰以及民间的推崇，为后人树立了邻里相处的典范。正如清朝宰相张英的诗句"千里修书只为墙，让他三尺又何妨。长城万里今犹在，不见当年秦始皇"，充分说明了维系和谐健康的邻里关系的真谛在于礼让宽厚与真诚仁爱，邻里矛盾自然化解。

（故事来源于永康政协微信公众号）

村落简介

永康龙山镇桥下村

永康市重点文物保护单位陈亮墓

　　桥下村原名龙窟村,位于永康市龙山镇,是永康学派的创始人、南宋著名政治家陈亮的故里。陈亮墓俗称状元坟,位于桥下村北,太平水库大坝西侧。据《桥下村志》记载,该墓初建于宋宁宗庆元年间(1195—1200年),明万历壬寅年(1602年)重建,1966年被毁,1993年陈亮诞辰850周年时重修,如今墓道两旁松柏森森、草木葱茏、气势壮阔。小崆峒在陈亮墓西边的小山坳中,巨岩环拱,南为沟壑,东边巨岩下有二三百平方米的高敞石洞,石洞上方有一水潭,一帘瀑布沿岩而下,常年不涸。据《桥下村志》记载,宋时曾建龙川书院于小崆峒洞前,传说陈亮、朱熹曾在此讲学。

陈亮与"状元蛙"

【刻苦勤奋】

你见过额头上有一点红颜色的青蛙吗？那叫状元蛙。传说状元蛙与南宋永康的状元陈亮有关系。

相传有这样一个故事，在一个夏天的晚上，已经是后半夜的时候了，在永康县城外龙窟寺的一间小屋里，同往日一样，窗口依然亮着灯光，一个十六七岁的男孩子，捧着一本书正在"子曰""诗云"地读着，这个男孩子就是陈亮。只见陈亮拿起蘸着红红朱砂水的毛笔，聚精会神地往书本上读过的地方圈圈点点。窗外，小虫子们在"叽叽"鸣叫，星星点点的萤火虫在飞来飞去。

陈亮看看萤火虫，忽然想起小时候母亲教给他唱的童谣：

火萤虫，夜夜红，

飞到西来飞到东。

高高低低，飞来嬉嬉，

勿要侬拉（你们）金，

勿要侬拉银，

只要侬拉屁股亮晶晶。

陈亮想想很有趣，就一边哼一边把这几句童谣记下来。他伸出另一只手"啪""啪"地打自己身上、脸上的蚊子，那些蚊子好像有意考验他，打死一只又飞来一只，在他身上乱叮乱咬，陈亮的注意力集中不起来。

陈亮刻苦读书写字，被一只伏在窗外小高坡上的青蛙看得清清楚楚。这是一只青蛙王，它每天晚上都来看陈亮读书写字，已经快两个月了。看到陈亮每天都读书写字到深夜，这只青蛙好感动。这时它跳下高坡顶，跳到不远处的草塘里。"咕咕""呱呱"几声叫，一会儿几百只青蛙就都聚集到青蛙王身边来，青

【金华故事】

蛙王说："你们都看到的,每天这么晚了,那间屋里那个小男孩还在读书写字,可是我看那么多蚊子都在欺负他,满头满脸咬他,吸他的血,真是太可恨了。我们去帮助他教训教训那些蚊子,好吗?""呱呱,好嘞!"于是几百只青蛙都悄悄地跟着青蛙王,来到窗下,青蛙们不约而同,一齐从自己身上散发出一股股气味,奇怪的是本来不会叮青蛙的蚊子,这回闻到这种怪气味,都争先恐后连忙飞到窗下来叮青蛙了。这时,青蛙们都突然伸出又细又长的舌头,"嗒"一下,"嗒"一下,都把蚊子卷进嘴里当美味吃个痛快。

嘿,这时陈亮发觉没有蚊子来干扰他了,感到好奇怪,他仔细往外一看,原来窗口外面一只只青蛙正在吃蚊子。其中有几只还跳到他的窗台上来吃在窗口和墙上的蚊子。陈亮打心眼里感谢这些有灵性的青蛙们,就顺手用朱砂笔往窗台上一只只青蛙的额头上点去,被点到的就开开心心地跳到窗外去了。从此,所有青蛙额头上都变得有红点了,奇怪的是再也没有蚊子来叮咬陈亮了,陈亮更加集中注意力专心读书写字。

俗话说:"少年时学好比石上刻,老年时学好比石上贴。"少年陈亮勤奋读书,学问越来越广博,后来终于在宋绍熙四年(1193年)考上了头名状元。直到今天,永康龙窟寺附近的青蛙头上还有红点呢。

陈亮塑像

唐代韩愈有一句名言"书山有路勤为径,学海无涯苦作舟"。勤奋是中华民族自古以来的传统美德,学习需要勤奋。陈亮与状元蛙的故事,展现出的学习精神值得称道,告诫人们学习趁早,"少年时学好比石上刻,老年时学好比石上

贴"。学习是永恒的真理，但学习永远不晚。学习是一个不断积累财富的过程，只有不断地付出与积累，方能收获最终的成功。

陈亮（1143—1194年），婺州永康（今浙江省永康市龙山镇桥下村）人，字同甫，号龙川，是我国南宋时期著名的爱国主义者，杰出的思想家、政治家、文学家，永康学派的创始人。南宋绍熙四年（1193年）进士，殿试时光宗御笔擢为第一。陈亮一生事迹中最引人瞩目的，要数五次上书孝宗和后来与朱熹进行的"王霸义利"大辩论。

【故事来源于章竹林《金华历代名人成才故事》（2010）】

村落简介

武义白洋街道下陈村

全国重点文物保护单位明招山麓

下陈村位于武义县城以东5千米，由下陈、上陈、黄龙坑和胡家4个自然村组成，是承载厚重明招文化的古村。下陈村北面是武义最享有盛名的明招文化的发祥地"明招山"和"明招寺"。清代嘉庆《武义县志》和《武川备考》等典籍中的"人物考""艺文志"等条目，与明招山有关的篇幅几占半壁江山。明招山麓坐落着一栋明招讲院，是当年吕祖谦讲学授课的地方。距离讲院不远处，是吕祖谦及家族墓，2013年被国务院公布为第七批全国重点文物保护单位。

吕祖谦和"小邹鲁"

【家庭教育、德育为本】

你知道我国的历史书上为什么称金华为"小邹鲁"吗？

原来，邹鲁，是指我国古代山东的邹县和鲁国，那里是孟子和孔子等大学问家出生的地方，他们曾经对中国产生过非常大的影响。而金华在南宋时有一个金华学派，对中国的历史也起过积极的作用，因此被称为"小邹鲁"。金华学派的领袖人物就是金华人吕祖谦。

吕祖谦虽然出生在书香门第，但同许多小孩子一样，小时候挺调皮。为什么后来他能成为金华学派的领袖人物呢？据说有两件事，对他起了很好的教育作用。先说第一件吧。

一天下午，在金华城一间普通的民房里，堂前桌子边坐着个10多岁的小男孩，手里拿着毛笔，面前摆着一本自己订的写字本，正冥思苦想地写文章，写了两行，念了念，歪起小脑袋，噘起小嘴巴，放下笔，"嘶"地一下把这页纸撕了下来，随手揉成一团，往身后的废纸篓里扔了进去。这个小男孩就是吕祖谦，写不出文章的他正想溜出去玩，只听见门口"吭吭"两声，他的爷爷吕绷中进来了。吕祖谦慌忙站直身子，向爷爷请安，说："爷爷，这篇文章我写不出来。""那就歇一会吧。粥烧好了，先吃一碗吧。"

说着爷爷去灶间盛了一碗，端到他面前的桌上。吕祖谦埋头"呼"地喝了一口，"啊！呸，呸！"烫得他全吐了出来。"爷爷，这么烫的粥怎么喝啊？""哈哈！"爷爷摸着胡子笑了，"你知道性急喝不了热粥了吧。爷爷晓得你性子急躁，你这个毛病也该改改了。做什么事情都一样，不能太急。古话说'欲速则不达'，写文章也一样，要先脑子想好想透动笔才行呢。"吕祖谦点了点头。

不久又碰到一件事。有一天吕祖谦从天宁寺边走过，看见一男一女两个比他年纪小的孩子正在争吵，只听那小女孩说糖氽蛋最好吃，而那个小男孩说茶叶蛋最好吃，两人你一句我一言互不相让，争得面红耳赤，吕祖谦最爱吃他母亲烧的糖氽蛋。他就走到那小男孩面前，举起小拳头威吓他，说："你懂什么？就是糖氽蛋最好吃！你再说茶叶蛋最好吃，小心我揍你！"说着举起小拳头要打小男孩，吓得小男孩"哇"地一声哭了。这时候刚巧吕祖谦的爷爷走过这里，他把小男孩眼泪擦干，问明了原因，就对吕祖谦说："小孙孙啊，茶叶蛋、糖氽蛋都好吃，只是每个人的口味不同，喜好不同。记牢，以后不能按照你自己的喜好，去强求别人啊！""是，爷爷。"爷爷接着又说："要做一个有学问的人，气度要大，为什么条条江河都流入大海里去？是因为大海的容量大。"吕祖谦又学到了一些做人做学问的道理。

在家庭的影响下，吕祖谦改掉了急躁的毛病，也学会了容人。凡事三思而行，研究学问，写文章都考虑成熟，仔细推敲再动笔，乱撕本子的现象也不再出现了。随着知识的渊博，后来创立了金华学派。在婺城老百姓中也传开了两句话：一句是"性急喝不了热粥"；一句是"量大成得了伟业"。

吕祖谦墓

吕祖谦画像

俗话说:"杂草铲除要趁早,孩儿教育要从小""性急喝不了热粥、量大成得了伟业",吕祖谦与爷爷的故事,启示人们务必重视家庭教育的启蒙性,对孩子健全人格和学习品质的塑造。家庭是人生的第一课堂,点点滴滴串起孩子成长的脚印,正确的家庭教育应该帮助孩子搭建一个良好的人生跑道起点,让孩子拥有健全的人格修养,懂得做人,学会做事。

吕祖谦(1137—1181年),字伯恭,婺州(今浙江省金华市)人,祖籍淮南寿州(今安徽凤台县),历任太学博士、秘书郎、国史院编修官、实录院检讨官、著作郎等职,南宋时期著名理学家、婺学创始人。郡望东莱郡,人称"小东莱先生"。与朱熹、张栻并称"东南三贤""鼎立为世师"。

【故事来源于章竹林《金华历代名人成才故事》(2010)】

兰溪黄店镇桐山后金村

浙江省文物保护单位仁山书院

  桐山后金村位于兰溪市黄店镇政府驻地西北7500米处，由原来的桐山后金、上王、前方3个行政村组成。据《光绪兰溪县志》记载，金氏村民五代时（922年）由衢州桐山峡口迁来鸡鸣山脚，北宋天圣十年（1032年）迁居此地，因为村前有座山名为桐山，加上村的位置位于山后，故名桐山后金。迄今为止，已经有900多年历史了。桐山后金村位置独特，史称"八卦地"，后广为流传称"八卦古村"。桐山后金村名人辈出，有东宫长官桐阳散翁、宋代孝子金景文、宋代理学家金履祥、著名图书馆学家金步瀛。村北的省级文物保护单位"仁山书院"是宋末元初著名理学家金履祥先生的讲学之所。2018年12月，桐山后金村被列入第五批中国传统村落名录。

金履祥不言而信

【为人处世、忠信诚正】

南宋末年，政治动荡，金履祥虽然没有意愿做官，但他不忘忧国。元兵围攻襄樊，金履祥献策朝廷，建议以重兵由海道直趋燕蓟，那么襄樊之围不攻自解。遗憾的是当朝者昏聩，未被采纳。宋灭亡后，金履祥筑室隐居金华仁山下，讲学著书，惠及后辈，许谦、柳贯都出自他的门下。金履祥的博学多才、为人处世，为后人称道。

一、助人不居功

金履祥为人主忠信重情义。《元史》里记载了这样一件轶事：金履祥有一位老朋友去世时，留下孤儿寡母，后来儿子犯了事，母子二人分别被惩罚，发配给他人做奴隶，彼此不知生死已有10年。金履祥得知后，想方设法加以解救，不惜竭尽家产，经多方奔走努力，历尽辛苦，终于为他们赎身，让他们母子团聚。后来那位儿子成为显贵，金履祥自己始终不提此事，见面只是问候而已。

为了解救已故老友的家人，金履祥主动倾囊相助，竭尽全力为对方做一切办得到的事，毫不计较个人得失荣辱与回报。

二、一日为师，终身为父

金履祥是两宋理学的集大成者，师承何基、王柏，道传许谦，四人合称"北山四先生"。

金履祥青年时期，因倾慕周敦颐、程颐、程颢的学问，曾跟从王柏、何基学习。何基的清高耿直纯正、王柏的高超明达刚毅，让金履祥终身受教。金履祥见到了王柏，首先向他询问和请教治学的方法，王柏告诉他必须先立志，并且列举前辈儒家的话："居守恭敬用以保持自己的志向，立志用以确立自己的本性，

志是立于接事待物的表面，恭敬践行就深入了事物的内在，这是治学的基本方法。"等见到何基，何基告诉他说："成为贤者的关键，在于分清天理和人欲，应当从今日开始实行。"

金履祥得到二人亲传，而且兼收并蓄充实于自身。从这以后金履祥对学问的研习更加精深，造诣也更加深厚。

"一日为师，终身为父。"后来，何基、王柏先后去世，金履祥率领同门师友，穿着丧服为他们操办丧事，为老师送终，恪尽学生之礼，极重情分义气。

三、诚正为人、诚而成之

兰溪黄店的下王村，有一座白云庙，相传是金履祥为弟子许白云而建。许白云跟随在金履祥身前马后已有多年，自认为学艺已精，很想出去见识一下自己所学的本领，以便捞个一官半职。那年恰逢朝廷纳贤聘能，白云觉得机不可失，向金履祥说了自己的打算。金履祥见弟子执意要离开，就答应放行。临走前，给许白云一个装水的竹筒说到："白云啊，为师已长久没外出远行，只是想尝尝海水的味道。你这次到京师，路途遥远，非常辛苦。但你务必将海水带回，以了为师的心愿。取水时要到深海中，不可在岸边取。"

白云脑海中尽是自己的锦绣前程，就满口答应。飘洋过海到了京师，见到了皇帝。皇帝听完许白云的自我介绍，知道是金履祥的高弟，立马许以高官厚禄，并要求许白云赴任时将金履祥带来。许白云十分高兴，急急忙忙往回赶，船到岸边才想起金履祥拜托取水的事情，于是下船后在岸边装了海水回来。金履祥将弟子带回的海水一喝，味道涩而咸苦，知道许白云没按自己说的去做，于是没随许白云同去。许白云前脚刚走，金履祥就在下王村为他盖了一座白云庙。许白云因为没将金履祥带去，犯下欺君大罪，而被杀。

金履祥在老友生前并没有许下什么承诺，老友临终时也没有对金履祥有所嘱托，但他不惜倾家荡产设法营救老友的遗孀孤儿，助人而不居功；率领同门师友穿丧服为两位老师操办丧事、送终，恪尽学生之礼；白云庙的传说体现民间对金履祥忠信诚正为人、立志为本、知行合一的传扬。诚如《周易》所云："默而成之，不言而信，存乎德行。"金履祥"不言而信""诚而成之"，达到了诚信的最高境界，把诚信与道德融为一体，值得后人学习。

金履祥（1232—1303年），字吉父，号次农，自号桐阳叔子，兰溪（今浙江省兰溪市桐山后金村）人。宋、元之际的学者。为浙东学派、金华学派的中坚，人称"仁山先生"。与何基、王柏、许谦并称"金华四先生"，亦称"北山四先生"。著作有《尚书注》《大学疏义》《论语集注考证》《孟子集注考证》《通鉴前编》《举要》《仁山集》，编有《濂洛风雅》。

金履祥画像

【故事来源于沈志权、黄炳全《信义金华经典故事》（2016年）】

村落简介

婺城汤溪镇岩下村

岩下村村口

　　汤溪镇岩下村位于金西开发区，属于黄土丘陵地貌与岩溶地貌，因村子位于金华市九峰山脚下而得名。境内有省级风景区九峰山、浙派风格岩石奇形怪状的奇峰"山坑坞"、碧波荡漾的深潭"岩下水库"。岩下村历史上属中戴乡管辖，与宅口、石羊、寺平、山头、曹界、横路等村交界。村民敢闯敢拼，在外涌现了曹勇兵、曹友光、曹孝伦等做生意好手。村民尊师重教蔚然成风，走出了曹志耘、曹作军、曹树奶等金华业内响当当的人物！

银娘智了"御鹤案"

【为人处世，正义明理】

　　九峰山下的一垄田畈里，有20多石良田，是九峰禅寺的寺产，紧挨着这批田地有一个岩下村，岩下村里有一位告老还乡的曹阁老。卸任后，皇帝送给他一对白鹤。这对白鹤常到田里找虫子吃，不会糟蹋粮食，但是这对白鹤的出现，引来了许许多多不同种类的野鸽野鸟，成群结队，把寺院种的粮食糟蹋得颗粒无收，和尚见了，迫于曹阁老的势力和宫内显赫的地位，敢怒而不敢言。

　　再说九峰禅寺有一小和尚叫治悟，从里龙潭的山坳里捡回只小狼崽，治悟想起自幼出家的身世，怜惜这小生命，细心照料，让它吃狗妈妈的奶，稍大就驯养它自己捕食，小狼崽也通达人性，追逐治悟不离。

　　有一天，禅寺的和尚到田间劳作，治悟带着小狼崽同往。这时，那对白鹤悠闲地在田里嬉闹，扑打翅膀追来追去，小狼崽被激怒了，冲上去一口咬住白鹤的长颈，白鹤就扑棱棱几下被咬死了。另一只也不吃不喝在悲鸣中死去。曹阁老心痛极了，叫家丁把小狼崽也打死了，把九峰禅寺的和尚告上府衙，要求九峰寺赔他的御赐仙鹤。

　　婺州知府纪崇奎，不敢怠慢，连忙升堂，这离奇的案子也引来了很

岩下村放生亭

【金华故事】

多听审的百姓。曹阁老要九峰寺赔御赐仙鹤，和尚说仙鹤招来百鸟，糟蹋20多石田地粮食无收，各执一词。知府纪老爷左右为难了，看看堂前怒气冲冲的曹阁老，违心地一拍惊堂木说："野狼咬死白鹤，寺院该赔曹阁老。"话音没落，忽有一稚嫩的童声喊道："且慢！"众人一齐看过去，见一个七八岁的癞头小女孩，毫无惧色地说："你们都是人，又何必为禽兽之事争个不休，白鹤引百鸟糟蹋田地粮食是禽所为，与人无关。野狼咬死白鹤，是兽所过，与人无关，禽兽相争，与人何干？"堂下旁听百姓一片欢呼，都为这聪明的小女孩叫好。这个小女孩就是后来入选坤宁宫的娘娘——银娘。她说的"禽兽相争，与人何干？"成了人们茶余饭后的美谈。

明代妃子银娘画像

在"御鹤案"的故事中，曹阁老是非不分、和尚有口说不清、知府左右为难与违心，与银娘的机智、毫不畏惧、明白事理，形成了鲜明的对比，同时深刻地揭示出人的自身价值和道德取向。人的思维、语言、教养、道德等是区别于禽兽的特性，人与人的相互关系与禽兽不同，从禽兽进化成人要经历漫长的过程，但从人退化成禽兽或许只在瞬间完成。正如曾国藩所言"不为圣贤，便为禽兽"，为人处世应捍卫人类的尊严与道德底线。

【故事来源于华建勇、赵风富主编《南山采菊·汤溪古韵》（2016年）】

村落介绍

个人篇

东阳画水镇紫薇山村

浙江省文物保护单位尚书第

　　紫薇山村位于东阳市画水镇，与义乌赤岸镇毗邻，是历史文化名村。历史上出过多位进士，最著名的是明朝天启年间的兵部尚书许弘刚。许弘刚深得皇帝赏识，以至于皇上爱屋及乌追封其爷爷、父亲为"兵部尚书"，祖孙三代故称"三世尚书"。紫薇村内有闻名遐迩的紫薇山古建筑群，现存的兵部尚书府是极具代表性的明后期建筑，属省级文保单位，但将军府仅剩门楼，大夫第仅存后面一层开泰堂，其余皆毁。近年村里将许弘纲牌坊重新修复，希望恢复历史，将家族的荣光发扬光大。

205

许弘纲坐上横头

【勇敢、机智、个人权利】

明代东阳有个进士,当过县令,做过兵部尚书,老百姓对他非常崇敬。他就是许弘纲。当年,在他的家乡东阳南乡紫微山村一带和他流落过的金华安地上甘口一带,还流传过许弘纲坐上横头的故事。

许弘纲从小就死了父亲,孤儿寡母生活过得很清苦。有一年,本族人想让子子孙孙中出大官,请来风水先生,打算买一块风水宝地给太公祖宗移坟。事前就照东阳地方风俗摆了祠堂酒,族长欺负许弘纲家无成年男人,就瞒住不通知,等其他人都到齐了,便关起祠堂门了。

那时许弘纲10岁,知道了这事,心里那个气啊,他问母亲:"娘,祠堂摆酒我们家有份吗?"母亲说:"当然有份,祠堂是太公造的,太公派下分为三房,我们也是一房。按照辈份,你比族长祠堂头辈份还要高。为娘是女流之辈,你年纪又小,只好被人欺负喽!"他倔强地说:"只要有份,祠堂酒我去吃。"母亲说:"祠堂门都关了,你进不去。等你长大了再讲吧。"

"不,我从围墙上爬进去。"许弘纲竖起梯子,真的从围墙上爬进去了。祠堂里摆了七七四十九张八仙桌,48张酒席都已经坐满了人,十分热闹,许弘纲仔细看去,只有最上首的一桌东边上横头一个位子还空着,按道理这个位子是这堂酒席中最有资格的族长坐的。许弘纲却是不管三七二十一,噔噔噔,走过去在这个横头空位上"咚"地坐下来。这时候,族长瞪起眼睛喝道:"这里是你坐的位吗?下来!"许弘纲一点不怕,笑眯眯地问:"吃祠堂酒是照辈份的吗?""是又怎么样,不是又怎么样?""只要是,这个位子应该我坐,我比你高一辈,自古以来少长有序辈份有大小你懂不懂?"族长被许弘纲说得讲不出话来,搬了条凳子坐到桌角。隔壁桌上的风水先生也听呆了。

酒菜上桌了,许弘纲也不客气,见酒便喝,见菜便夹,从荤到素,从素到荤,来一碗尝一碗,碗碗都尝过。族长又看不过去,说话了:"没有教养的,这碗翻翻,那碗翻翻,你要晓得,这里有吃素的。"许弘纲看看风水先生,不慌不忙,喝了一口酒,吃了一块肉,讲话了:"没事的没事的,吃素的不好吃荤,吃荤的可以吃素,是吗?"风水先生一听又呆住了。族长祠堂头又瞪起眼珠骂了:"小小东西,不要没规矩!"许弘纲说:"不要小看我,一粒小火星可以烧得万重山。"

"啊唷!"风水先生一惊,放下酒杯,拿起罗盘,起身要走。族长连忙讲好话拦阻,风水先生说:"我不是被气走的,而是你们不需要买坟地了,风水已经有了,你们族的人才已经出来了。"族长忙问:"先生,我们人才出在哪里了?"风水先生指指许弘纲:"这个,日后大有出息啊!"

经过风水先生这么一讲,族长也只好对许弘纲另眼看待了,族里再也没人欺负许弘纲母子俩了。

英国著名作家莎士比亚有一句名言:"人们可以支配自己的命运,若我们受制于人,那错不在命运,而在我们自己。"许弘纲机敏通达,智斗族长,勇敢捍卫自己和母亲权益的故事,让人忍俊不禁,同时拍手叫好。面对不合理不公正的人生待遇,一味地隐忍、妥协、屈从、逆来顺受,乃至任人宰割,只会换来别人的轻视、迫害以及自身的痛苦和悲剧。机会和命运把握在个人的手中,勇敢地突破牢笼、突破自己,命运之手将越来越友善,而隐忍是一种智慧,合理隐忍是一种生活境界。

许弘纲画像

许弘纲（1554—1638年），字张之，号少薇。洪塘紫薇山人（今东阳市）。曾任绩溪县令、顺天府尹，官至南京兵部尚书。许弘纲生平机敏通达，尊崇父老，在朝不激不随，善于谏诤，力荐贤才，廉洁淡泊。

【故事来源于章竹林《金华历代名人成才故事》（2010）】

村落简介

个人篇

婺城汤溪镇胡碓村

胡森的故居世名堂[1]

汤溪镇胡碓村位于壑幽谷深、鬼斧神工的九峰山下,沉淀着厚重的历史文化。村内的世名堂为明代建筑,是历史名人胡森的故居,占地面积约660平方米,坐北朝南,整个布局呈长方形,前后三进,即大门、大厅、后堂。世名堂以前有三块牌匾,一块是杨一清题写的"世名堂"牌匾,一块是写有"荣恩"二字的牌匾,还有一块写有"祖孙进士"四字。九峰山下流传着许多与胡森有关的民间传说,在村民传说中,胡森不仅是官方记载中清廉刚正、不阿附权贵的人,更是个有作为、有担当的血性男人。

---

[1] 世名堂是明朝刑部正三品官员胡森的故居,世名堂三个字由明朝大学士杨一清所题。

209

胡森吃字劝家和

【家庭教育、和睦相处】

相传有这样一个故事,在风景秀丽的九峰山脚下,有一座小村庄,人称胡碓村。明正德年间的进士胡森,就出生在这个村。

在家里,最关爱胡森的是他的老奶奶,对他管教最严的也是这位老奶奶。胡森自幼天资聪颖,7岁就入汤溪县学读书。这所县学,坐落在汤溪县城,离胡森家有5里路。

小胡森读书十分勤奋,每天天刚蒙蒙亮就去上学,直到天黑乎乎的才回家。每当小胡森上学和放学的时候,老奶奶总是在自家的楼窗里看着他离去,又看着他回来。令人奇怪的是,小胡森在上学来回的路上,前头有两盏红灯为他引路,后头也有两盏红灯为他送行。

光阴如箭,日月如梭,一转眼小胡森已长到9岁。他已经能认能写好多字了。一年冬天的一个傍晚,天阴沉沉的,呼呼地刮着北风,还下着毛毛细雨。这时,县学放学了,小胡森独自一人走在汤溪县城的大街上。

突然,一个中年男子手拿一纸休书向他走来,讪讪地问胡森:"小弟弟,你知道后悔的'悔'字是怎样写的吗?"

天真的小胡森不假思索地说:"不就是竖心旁再加一个每人的'每'字么?"

中年男子恍然大悟,连声说:"对呀!对呀!我知道了,谢谢你,小弟弟!"

胡森一路上蹦蹦跳跳地往家走,老奶奶依然在楼窗边观望。这次,在老奶奶的眼里,胡森前后的两盏红灯没有了。

老奶奶急匆匆地下得楼来,板着脸对小胡森说:"你今天在外面干了什么坏事了?"

这话问得胡森丈二和尚摸不着头脑,他把这一天的所作所为细细地想了一

遍，肯定地说："奶奶，我没有做过什么坏事。"

老奶奶听罢愈加生气，举起藤条大声地说："你还嘴硬，看我不打你！你再仔细想想，你今天到底干了什么坏事？"

胡森思忖再三，蓦地想起教写"悔"字之事。于是，含着泪将事情的原委一五一十地向奶奶说了一遍。

老奶奶听后才心平气和地说："孩子，就因为你教了个悔字，就拆散了人家的夫妻，这是一件大坏事。"

老奶奶咽了一下口水，语气平缓地说："你明天一早就到县衙门口等着，见到那个中年男子，就说昨天我教给你的那个字是错的，现在帮你改过来。等他把休书递给你的时候，你就把'悔'字挖来吃掉。"

胡森听罢奶奶的话，泪流满面，果断地说："明晨我一定照奶奶的话去做。"

第二天大清早，胡森草草吃了几口饭就上路了。他第一次感到，这回上学读书，天是那么黑，路是那么滑。他深一脚浅一脚，好不容易才来到了县衙门口。

县衙门紧闭着，四周静悄悄的，阵阵寒风吹得他不住地发抖。就这样熬了一个来时辰，天才发白。这时，那个中年男拉着一个刚30出头的女人径向衙门走来。

胡森一个箭步，拉住那中年男子的手说："叔叔，昨天我教给你的那个字是错的，现在我帮你改过来。"

中年男子从怀中拿出休书，胡森一把抢过，飞快地挖下"悔"字，二话不说地就往嘴里送，将字吞进了肚子。

中年男子被胡森这突如其来的举动惊呆了，他问："你这是干什么？"

胡森认真地对中年男子说："我看你们是一对好夫妻，怎么舍得拆散呢？如果因为一时冲动，那么你们以后一定会后悔莫及的。现在，我当着你们的面把字吃了，目的是为了请叔叔听我一句劝告，你们真的是一对好夫妻，还是和和美

美地过你们的小日子吧。"

中年夫妻被胡森的言语举止感动了，这么小的孩子尚且这么通情达理，何况他们这些大人呢？他们有些难为情，于是向胡森长长作了一揖，手拉手地回家去了。

这天胡森放学回家，他的奶奶在楼窗口又看见了小胡森前后的两盏红灯。

古语云："至乐莫如读书，至要莫如教子。""胡森吃字"的故事充分说明了"德教"之始在于家庭，家庭教育是优化孩子心灵的催化剂，是一切教育的基础，根基稳固，方能受教有地。当前许多家庭忽略了家庭扎根教育的重要性，家庭教育错位与低效，让位于学校教育、网络教育和社会教育，因而错失了奠定良好德性的先机，造成影响家庭和谐幸福、社会和谐的不稳定因素。人的教育是一项系统的教育工程，家庭应发挥引擎核心作用，与社会、教育部门共同担负起教育下一代的任务。

胡森（1493—1564年），字秀夫，号九峰，晚号太末山人，婺州金华人，明进士。在职期间，馈金、裁冗员，以爱民节用、清廉刚正、不阿附权贵著称。后因与权相不合，辞归故里，隐居九峰。卒葬九峰山麓，著有《九峰文集》。

【故事来源于华建勇、赵风富主编《南山采菊·汤溪古韵》（2016年）】

胡森画像

村落简介

个人篇

永康方岩镇文楼村

文楼村明代建筑大京兆第(程正谊的子孙为纪念他而建的宅第)

　　文楼村位于永康市方岩镇。方岩镇属国家级重点风景名胜区，距永康市区23千米，风景区景色秀丽，素有"人间仙境"之称。不仅有峰、洞、谷、瀑、溪、湖，同时还有丰富的历史文化和革命史迹。文楼村山清水秀，地处要塞，风景如画，依山傍水，是永康五金产业的重要发源地。文楼村与派溪村、下宅村、堂慈村相交接，由1个行政村和3个自然村组成，村内有3座祠堂等历史文物古迹。

"亲家村"里话亲家

【择妻择淑、邻里和睦】

吴玫是明朝嘉靖年间后塘弄村吴大桂之女,从小聪明伶俐。十三四岁那年,因长有癫痢头,久治不愈,平时父母很少让她出门,天天将她关在绣花房。相传,有一天母亲陈氏去挑水,她便悄悄地跟在身后,在母亲把水提上来后,出于好奇的她,头伸过井圈往下看,井里像一面明亮的镜子,突然发觉自己头戴凤冠,至尊至美。惊叹不已:"哇!我戴凤冠了。"一旁的母亲怒斥:"瞎说!烂头壳,没人会娶你,不要妨碍我提水。"

当时,程方峰(程正谊之父)先生在吴大桂员外创办的学院教私塾,其儿程正谊的婚姻大事,遵循父母之命媒妁之言,从小与宅里王一户人家订了娃娃亲。程正谊十五六岁时,边读书边做家务农活,有一天,去田里割猪草、拔猪草,正好被订了亲的岳父看见,岳父顿觉黯然神伤,气急败坏,哪有读书人去拔猪草的?女儿嫁给他岂不是要一辈子受苦?单方面退掉亲事。退婚之事给程家带来沉重的打击,程方峰先生整天闷闷不乐,伤心而又气愤的程正谊也没好心情读书,母亲劝他去父亲那里住上几天。正当程方峰在安慰抱着学馆柱子哭诉的儿子时,恰好被过来问安的吴员外看到这一幕,吴员外走上前详细了解事情的来龙去脉后爽朗地说:"这少年才貌双全,必有荣华之日,如不嫌弃,我夫人绣花房里有24位姑娘,可任挑一个。"程方峰听吴员外如此一说,拱手作揖回应:"程某感激不尽,一辈子铭记于心。"吴员外便回房同夫人陈氏告知此事,陈夫人听说后自言自语地说:"怪不得昨夜做梦梦见青龙绕柱,小女吴玫井里看见头戴凤冠,莫非就应在这位公子身上?"

待中午用餐时,24位绣花姑娘徐徐走出绣花房,程正谊事先将一把扫帚翻倒在姑娘们要经过的地上,他们在客房里顺着窗洞朝外面窥视。24位绣

花姑娘"环列从容蹀躞归，光风骀荡发红薇"。前面23位姑娘个个靓糍刻饰，便嬛绰约。但她们都从那把扫帚上跨过去，没有一个弯腰扶帚。唯独第24位姑娘扶起地上的扫帚，安放好后才快步地跟上队伍。吴员外问程正谊："看上哪一位？"程正谊向父亲走近一步附耳低语。程先生露出微笑："我儿选择第24位姑娘。"令吴员外万万没想到，程正谊选择的正是自己的爱女吴玫。吴员外疑惑地问道："你是否看错了？" 程正谊十分肯定地回答："没错！相亲择偶标准，不为美貌和身材。"只因吴玫那个小小的举动感动了他，赢得了称赞和好感，一见钟情。吴员外欣喜若狂："好！好！好！择日请媒人行聘就是。"

说来也怪，吴玫与程正谊结为连理后，有一天在梳妆台前梳头，突然头顶癞痢头壳一层一层脱落，露出了乌黑发亮秀发顺肩飘落，吴玫惊喜不已，从此对自己更加信心满满。

当时程家家境贫寒、生活艰难，但吴玫无怨无悔。她性情温柔、贤惠、孝顺，用自己勤劳的双手绣出了一件件惟妙惟肖的作品，并鼓励丈夫发奋读书。程正谊勤学上进，最终高中进士，随后多处任职，为官清廉，深受百姓爱戴，官至顺天府尹。

程正谊回想起当年因家贫没有功名而受人冷眼，甚至退婚的往事，他们当年在贫寒中相守和相互鼓励的情景萦绕于心，他格外珍惜和吴玫的婚姻。程正谊79岁时走完不平凡的一生。临终时他交代子孙后人，"千万不要忘记后塘弄的恩情"。于是，程正谊的遗嘱代代相传至今，文楼村和塘弄村两个亲家村庄彼此拜年的习俗从未间断。

每年大年初一，文楼村的程氏后人会不约而同集体到后塘弄村拜年。大年初二，后塘弄村的村民成群结队地到文楼村回拜。习俗在程正谊死后的400多年里一直持续着，浩浩荡荡的拜年队伍成了当地一道独特的风景和习俗。两村多年的和谐相处，体现出先人富贵不忘贫寒的道德传承。

程正谊夫妇画像

俗话说："多年邻居变成亲。"程正谊因家贫没有功名而受人冷眼，甚至退婚，后来喜结良缘、富贵不忘贫寒的故事，充分印证了"邻里好，赛金宝"的至理名言。在现代都市，邻里关系越来越引起人们的重视，"邻里和睦，生活丰富"，恪守古人的教诲，邻里互助、学会感恩，愿邻里和谐的旋律永远悠扬地响彻在新时代金华上空。

程正谊（1534—1612年），永康方岩镇文楼村人，1571年进士，文楼村程氏家族始祖。先后任刑部主事、云南按察副使、河南按察副使、四川布政使、大京兆尹等职。

（故事来源于"0551讯息网"厚唐村志）

村落简介

个人篇

婺城洋埠镇湖前村

有530年历史的祠堂"尚睦堂"

湖前村位于金华市婺城区洋埠镇,是一座拥有600余年历史的古村。以驻地得村名,村在琳湖之前,故村名湖前。湖前村是原汤溪县青阳胡氏大村,崇尚"和睦"祖训,世代保持着仁义致中与行为和谐,子孙昌盛代代相传。从明清时代至今,村子哺育出了许多优秀人才、名门望贤,始祖胡孟雄、胡孟实兄弟(创建明朝古建筑"尚睦堂")、胡珊与胡献兄弟(创建和睦相处典范公墓"尚睦墓")、明朝正德甲戌进士胡斐、近代中医名师胡贡锴、热心公益助人为乐军医胡建和、舍己救人小英雄胡微等数十名历史名人。湖前村为古村落和睦典范村,被金华市命名的历史文物保护遗址有四处,2014年被列入金华市最美古村落和浙江省省级历史文化古村落。

一箭六十石

【夫妻恩爱、生活如意】

湖前村胡氏始祖维二公，刚迁入青阳洪时，由于上无片瓦、下无寸土，只得靠打工过日子。在青阳洪洪员外家做长工。维二公为人忠厚，他手脚勤快，不但犁耙耕耘样样会，扫地、垫猪栏喂猪、饲鸡鸭等家务活，都干得有条有理。手脚勤快，为人忠厚，挑菜上市去卖，回家后如数还东家，从不贪污一分一厘，东家交代的事情尽心办到，因而得到东家的器重和信赖，员外家老老幼幼，都非常喜欢他。

洪员外家中有位千金，她同维二公年龄相仿，心性相投。看到他勤劳朴实，年轻英俊，常常借由头找他。他为人正直，从不轻浮，规规矩矩，从而获得这位千金小姐的芳心。在打扫卫生时，在洪小姐房间床底下扫出玉戒指、金耳环、银手镯等贵重的东西，一件一件整理好放在梳妆台上，然后请小姐确定后才离开。原来这是小姐考验维二公的，通过考验，洪家小姐更加敬重维二公了，认为只有他才是她终身托付的对象。

这样一来二往，日久生情，在一个月明星稀的夜晚，她约了维二公，依偎在他的怀里，倾吐了真情，互定终身，相约私奔。

他俩之间的关系终于被员外发觉了，员外大发雷霆。在古代，儿女婚事都是父母之命，媒妁之言，洪小姐私下许婚，这是大逆不道之举，一个员外千金怎能嫁给上无片瓦、下无寸土的长工？家里的颜面都丢尽了。员外立即召集媒人，为女儿找了一个门当户对的婆家，可是这千金小姐死活不同意，与父亲抗争。

洪员外夫人看到维二公英俊，为人正派，心中喜欢，从中周旋，力劝员外顺从女儿的选择，洪员外出于家人的压力，并且为了面子就对女儿说："你要嫁，就嫁吧，我什么东西都不给你。村边的那座牛栏草棚给你们住吧，以后也别进我家门了。从此一刀两断。"说完员外气呼呼地走了。

维二公与洪小姐打扫了牛棚，做新房，草草成亲。洪员外认为这是奇耻大辱，便和他们断绝来往。

婚后，丈夫在外打工，妻子在家操劳。小姐生性聪明能干，把牛棚收拾得井井有条，生活虽然清苦，可是夫妻恩爱，日子过得虽然清贫，却还算甜蜜。

有一年元宵节，别人家里都有汤圆、肉圆等风味食品招待来客，而维二公家境贫困，只烧了些芋粽招待。等到半夜龙灯迎到他们家门口，夫妻俩头顶香盘接龙头，朝拜毕，两人抬头一看，洪员外也来观灯。夫妻俩上前行了礼，维二公道："岳父，请进寒舍小坐。"洪员外多年未见女儿，毕竟是骨肉亲情，就来到女儿家坐坐。女儿马上泡茶，烫了酒："爹爹呀，恕女儿不孝，拿不出好东西招待您老人家，请您先喝茶，我去烧碗鸡蛋面给您老充充饥。"这时已经后半夜了，员外腹中确实也饿了，又加上寒冷，于是随口就答："也好！"

他们夫妻俩，一个烧火，一个做鸡蛋面，快要烧好时，妻子叫丈夫去摘几颗小葱回来，于是丈夫拿了个小梯子出去，老丈人见了忙问："贤婿拿梯子干嘛？""去摘葱呗。""摘葱还要用梯子？"

这时女儿说："爹爹呀，我俩头顶别人天，脚踏人家地，还能种哪里呀，只能种在铺顶上呗。"听了这话，员外非常难受。维二公把葱理好，洗净切碎，这时鸡蛋面也烧好了，女儿端上鸡蛋面，女婿送上酒坐在旁边陪老丈人喝酒，老丈人今天一来高兴，二来肚子饿了，鸡

湖前牌坊

蛋面竟比山珍海味还要好吃。女婿也说话了："岳父，我拿不出好酒，只能烫壶市酒给您老喝，请将就一下吧！"女儿也说："都是女儿不孝。"吃完面，喝完酒，员外开口了："取我弓箭来！"

女儿很快拿来了弓箭，员外一把接过，说："请看好。"说完拉开弓，搭上箭，箭出似流星，一直射到琳湖前的高桥坝才落地。以箭经过的距离为半径的一圈内土地足足有60余石（古代的地积单位）。洪员外说："这60余石稻田足以维持你们一家几代人的温饱，权作女儿迟到的陪嫁吧。"

洪员外回家以后，叫家人请女儿来家传授鸡蛋面的技术，这样一来，一传十、十传百，家家户户都能制作鸡蛋面，后来鸡蛋面就成了汤溪一带餐桌上的一道美味菜肴。维二公的夫人也成了做鸡蛋面的始祖，后人有诗云：

员外嫌贫阻婚姻，

女儿有情心不变。

一碗蛋面感父心，

赠地一箭琳湖边。

维二公从此定居在湖前村，繁衍生息，家族人才辈出，成了汤溪一带最大家族。

日本教育家木村久一曾言："家庭应该是爱、欢乐和笑的殿堂。"一箭六十石的故事，充分说明了父女没有隔夜仇、父爱如山、血浓于水的道理。父爱是一潭水，深藏不露，经常被误解与忽略，但父爱如伞，让子女获得最温暖的保护。家庭和睦，人生才能获得幸福，正如孟子所言"惟孝顺父母，可以解忧"，愿天下儿女，都能读懂父亲的爱心。

【故事来源于华建勇、赵风富主编《南山采菊·汤溪古韵》（2016年）】

村落简介

婺城罗店镇西吴村

西吴村花卉市场

  西吴村地处金华市婺城区罗店镇，位于国家级双龙风景区境内。西吴村雨水充沛，土质肥沃，花卉苗木的种植历史悠久，在1999年被农业部命名为"中国花卉之乡"。西吴村农业资源丰富，水源丰沛且水质优良，适宜发展水产养殖业和种植业，花卉苗木展示展销中心已成为金华市最大的花卉市场和浙中地区单体最大的南方花卉市场。清光绪《金华县志》载："旧志称西吴、白竹二庄民，谙花性时其燥湿，虽非土物而耳目可娱。如山茶、水仙、瑞香、辛夷、佛手柑之类皆有之。"金华栽培佛手始于明末清初，由罗店镇西吴村吴必纲（1592—1674年）从吴阊（今苏州）引进种植。《光绪·金华县志》记载："佛手柑，邑西吴罗店等望而却步为仙洞水所经，柑性宜之，其透指有长至尺余者，色香亦大胜闽产。"金华佛手在国内外享有盛誉，被称为"果中之仙品，世上之奇卉"。

"金华佛手"救娘亲

【母子情，不辞辛苦，家庭和睦】

传说浙江金华罗店住着一对母子，母亲含辛茹苦地把儿子养大，儿子长大成人。娘得了一种胸腹胀痛的毛病，每次犯病连活都干不了，小顺看到母亲犯病痛苦之状，心急如焚，到处求医问药，却总医不好。

小顺在当时已经绝望了，而母亲也劝小顺不要管自己，担心自己拖累小顺，但小顺不听，依旧想要寻访名医。一天小顺在给母亲求医未果之后，回家休息做了一个离奇的梦，在梦中小顺见到了一个美丽的仙女。

这位仙女在梦中赐予了小顺一枚仙果，而母亲闻到仙果的香味就好了，小顺在梦中非常地高兴。但是等梦醒来，母亲的病并没有好，她依旧被病痛所折磨。稀奇古怪的梦，使小顺下决心去寻那玉手般的果子。于是小顺告别母亲，走进荒郊野外寻找仙果。走了三七二十一日，也不晓得爬了多少山头，走了多少路。

一日，小顺坐在山路边岩石上歇力，觉得脚背上痒酥酥的，伸手一搔，一只小青蛙跳上他的手心，突然说起话来："咯咯咯，咯咯咯，哥哥请听着，金华山顶有金果，金果能救你老母。明晚子时山门开，大好时机莫错过！哥哥要记着，咯咯咯，咯咯咯！"

第二日半夜，小顺爬上了金华山顶。进了山门，只见山坡上金花遍地，金果满林。花果之中，飘出一位南海观音一样的女子。小顺揉眼一看，正是梦中见过的那位仙女。

金花仙女把小顺领到"天桔园"里。那些"天橘"的样子十分奇巧：有的像年轻女子的玉手，有的像小孩子的小拳头，有的像做戏人的"兰花指"……皮黄如金，闻闻又很香。

"这种'天橘',是早年神农祖师根据玉帝旨意,照观音娘娘的玉手样子培育出来的。"金花仙子一边指点一边讲。临出园前,仙子又说:"按天宫规矩,这个'天橘园'是不让外人看的,你是我的贵客,自然应当照顾。我还要送你一只'天橘'呢,喏,请你自己摘吧!"

可是小顺却说:"我不想要这'天橘'果子。我想让母亲日日能闻到'天橘'的香气,也想让其他生病的人解除病痛,请仙子送我一株'天橘'苗吧!"

仙子听了说:"你的想法很好,不过'天橘'要金风吹,玉露灌,才能结出果子,你拿去也没有用。"仙子见小顺诚心,便说:"办法倒有一个,这金华山有个山洞,里面住着一条青龙,一条黄龙,两条龙喷的水浇灌'天橘',倒是可以结出果子来。""哦,这就好了!""不过,现在龙嘴里填满石头污泥,恐怕也难办呀!""我一定找到山洞,让双龙喷水!"小顺回家后,找到山洞,挖掉污泥石头,引水浇灌"天橘"。当年,"天橘"苗就挂满果子,母亲日日闻香,那胀痛日渐消失。

后来,娘儿俩将仙苗送给大家,传遍山上山下的村庄。因为"天橘"很像一只巧手的模样,治胸腹胀的病特别灵,百姓就称它为"佛手"了。

金华佛手

孔子说:"教民亲爱,莫过于孝。"孝顺自古是人们评价一个人品行高低的重要标准。俗话说的"久病床前无孝子",揭露了人性的软弱,道尽现实的残酷。"金华佛手"的故事,娓娓诉说着感人至深的母子真情,表达出人们打破

"久病床前无孝子"魔咒的美好愿望，为天下孝子正名。人皆有老去的一天，孝顺父母，天经地义，为人子女应及时行孝，将心比心地照顾体弱年迈父母，亦如当初他们无怨无悔、全心全意地付出，让孝德在每个家庭传承，让每位父母安享幸福的晚年。

金华佛手果实似花非花，似果非果，有的似观音玉手，有的仿佛力士的拳头，也有两者兼之，奇妙无比，人们誉它为"果中仙品""世间奇卉""药中王"。2014年11月18日，中华人民共和国农业部正式批准对"金华佛手"实施农产品地理标志登记保护。

（故事来源于婺城新闻网）

村落简介

个人篇

兰溪市黄店镇三泉村

三泉村内景

兰溪市黄店镇三泉村为中国传统村落、浙江省历史文化名村，位于兰溪市西北部，离市区11千米，距黄店镇政府驻地3千米，全村面积3.21平方千米，有农户395户，总人口1132人。三泉村唐姓先祖于南宋淳熙八年（1181年）迁至此地，距今已有840年历史，因村所在地有喷泉三眼，得名三泉。村内自然环境优

金华故事

美,四周群山环抱,景色宜人,空气清新,村中有水塘11个,民居环塘而建,呈放射状,并有明清古建筑冬官厅、六房厅、学善堂,环塘而建。村北建有"将仕厅"(世德堂),为祭祀宋末抗元名将唐元章、唐良嗣而建,保持元代建筑风格,为国家级文物保护单位。村后的柱竿山半山腰建有齐芳书院,由宋代三泉人唐良骥创办。成宗元贞二年(726年),仁山先生(金履祥)65岁讲学于齐芳书院,并在书院旁题写"第一山"摩崖石刻,现有遗址。

三泉村全国重点文物保护单位三泉世德堂

唐仁成才哺乡邻

【不忘师恩、反哺教育】

　　唐仁，明朝成化己亥年生，字行之，号四泉，祖籍为现兰溪市黄店镇三泉村。唐仁精通理学，博通经文，尤遂周易，幼时受业于白露佑塘山云山书院章枫山先生，于正德庚午（1510年）中举人，嘉靖五年（1526年）中进士。其后，唐仁曾先后任南陵、金溪、溧阳知县，在任期间，兴修水利，治山改田，有廉能声。后官至工部员外郎，嘉靖十八己亥（1537年）卒于官。金陵人民为了纪念其功绩，建有"唐仁庙"以祭之。

　　唐仁幼年家贫，父亲以务农兼养鱼苗养家。当时年少，唐仁虽家贫读书有困难，但学时恰逢黄店村黄时高兴资办云山书院（黄时高，字云山，弘治庚戌科进士），延章懋（章枫山）、童吕等讲学，为此得师名家。

　　当时，云山书院所授学生以黄店本村为主，但邻村子弟聪颖者亦可入学，如若家中贫困难以承担学费，情况属实者书院将免于学费，唐仁便为其中一例，他聪明伶俐，有才智，但家中十分贫寒。黄时高知晓这一情况后，便让他免费入学。唐仁也好学，不负众望，成绩名列前茅，深得老师赞赏。

　　其后唐仁应试，于正德庚午（1510年）中举人，之后仍勤勉不懈，于嘉靖五年（1526年）中进士。传当年唐仁中进士的喜报到家时，其父亲还在皮坊塘边数鱼，父亲问讯后仍不忘手头工作，叫报喜者不要惊动鱼苗。中进士后唐仁入仕做官，虽已为官，但不忘年幼家贫时期恩师的帮助与教诲。唐仁为官清廉公正，且积官俸购买了十三都高井、朱家一带的大租田，并建储谷的仓屋，用以家乡赠师办学。

在黄时高晚年时，唐仁又在白露山的佑塘山云山书院旁，为其购置了墓地，以报答先生培育之恩。

中国人的尊师重道，是久远的传统，周代已有释奠尊师之礼。后来孔子亦曰："自行束脩以上，吾未尝无诲焉。"这可说是谢师礼的开始。现今，虽不需人人以礼谢师，但我们仍需时刻谨记师者教诲，在人生路上不忘师恩，并在生活中尊师重道，并将这一优良传统一代代传承于后人。

（故事来源于武义新闻网）

村落简介

个人篇

义乌桥头村

义乌市文物保护单位还金亭

桥头村位于浙江省义乌市城西街道，内有八九千年前义乌人的一个大型聚落遗址——"桥头遗址"。自2004年9月以来，桥头遗址考古发掘面积达2000多平方米，证实是一处上山文化遗址，最早年代距今约9000年。2019年在义乌的桥头遗址挖掘出土了一具距今8000多年的男性人骨，为浙江省境内迄今为止最早的完整人类遗骸，考古学界称之为"浙江第一人""浙江第一墓葬"。还金亭位于桥头村夏桥街107号西侧2米处，为清代古建筑，重建于1990年，亭内的石柱上刻着一对楹联："失物归主造亭报恩，拾金不昧万古流芳。"2018年2月还金亭被列为义乌市级文物保护单位。桥头村的还金亭不仅是村民"信义"的见证，更是义乌"信义"文化的体现。

拾金不昧还金亭

【拾金不昧】

从义乌坐汽车到金华,要经过桥头停靠站。就在桥头停靠站北边,有个装饰得很漂亮的小凉亭,牌匾上题着"还金亭"三个金色大字。

说起还金亭的来历,当地流传着这样一个有趣的故事。相传从前这里没有凉亭。一天有个商人路过这里,走得累极了。本不敢轻易停脚,因为随身行李中有一只布袋装着他做生意的全部本钱。但看见这里前后都是大村子,料想不会出事,再说清清的溪水在桥下潺潺地流淌,他便决定稍微歇一会。于是放下行李,特地将那只贵重的布袋搁在不显眼的地方,再选块光滑的石头舒舒服服地坐着。吃完干粮抬头一看,太阳已经到了西山头了,忙抓起行李包匆匆赶路,心一急,偏偏把那只贵重的袋子给忘了。

桥头村有个老农民背着锄头收工回来,在溪边洗脚时看见了布袋。他拣起来,好重呢!"是谁的东西丢啦!"他喊了一阵没人答应。眼看天色将黑,老农打开布袋一看,吃了一惊,袋子里尽是金银珠宝。老农马上结好袋口,又静静地坐等失主。等到月上东山,等到夜深人静,等得肚子饿得叽咕叽咕直响,终于等到那个气喘吁吁赶回来寻找失物的商人。老农确认是商人丢失的东西,就直直爽爽地送还给他了。商人送他银元,他不要;商人送他珠宝玉石,他不要;商人送他金元宝,他更不要,径自背着锄头消失在夜幕中。商人感动得不知道如何是好,猛然想起还没问过老农的姓名呢,可是人已追不着了。

事后商人到处打听,也没打听到老农的姓名。为了表达由衷的谢意,便特

意在这里造了凉亭，取名"还金亭"。风风雨雨数百年，凉亭已经破旧不堪。近年桥头村群众为发扬这位老农"拾金不昧"的崇高精神，又重新把"还金亭"修葺一新。

为纪念老农拾金不昧的精神而修建的"还金亭"，风雨无摧，至今屹立，诠释着义乌人"崇尚诚信，以信立世，轻财重义"的精神。还金亭所含的"信义"文化正是义乌人成功的秘诀，更是其做人、做事的根本。荀子言"养心莫善于诚"，作为中华民族的传统美德和个人的高尚品质，拾金不昧的精神值得称道和不断传承。

（故事来源于金华市文广旅游局"金华传统信义故事"，讲述人为吴瑾长，记录人为殊恬）

村落简介

永康市高镇村

列入国家非物质文化遗产保护名录的"十八蝴蝶翩翩起舞"

高镇村是一个有着1300余年历史的古村，地处永康市行政中心和五金城，是一个清澈溪水环绕、商业繁华的富裕村庄，是全国百强村。华溪、南溪这两条永康最主要的河流成钳形流经高镇村，中间还有条贯穿全村东西的小河"水圳"，村子的旧名"高圳"是因水而取，意思是在南北两河相夹汇合之上方。高镇村有上禁门、下禁门、观音佛堂、白鹤殿、楼店井等文物古迹。传统项目"十八蝴蝶"是由18名扮演"蝴蝶"的少女和6名扮演"花神"的少女表演的民间舞蹈，被列入国家非物质文化遗产保护名录。2013年12月，市政府根据城市发展规划对高镇实施"撤村改居"，从此沿袭800余年的高镇行政村建制走进历史。2014年12月高镇村两委决定新修《高镇村志》，以便更全面、完整地记录高镇村历史，给子孙后代留下一笔珍贵的精神财富。

阿婆捐资"楼店井"

【关心公益】

高镇村有口"楼店井",井水清澈透底。在那还未有矿泉水、饮料买卖的年代,楼店井水名气很大,一批批口干舌燥的担柴夫、赶集客,都在这里留下了他们解渴消暑的记忆。

据楼氏宗谱记载,"楼店井"是由楼氏一位寡居太婆靠纺纱织布而独力建造的。这位太婆姓陈名云仙,早年丧夫,生性善良,还是位纺纱织布的里手。她平时省吃俭用,日日劳作在纺车织机前,几十年辛苦,身边有了一笔可观的积蓄。传说没有这口井前,村民们常年饮用的是附近一口老井,井水时常不清。大家一直想合力另造一口新井,当时另造一口深井需要纹银八九百两,贫穷的村民无力负担。云仙得知后好多天辗转反侧,想想自己年及花甲,身边积有几十年心血的百两银票十张,留给儿孙不一定是好事,"纨绔子弟少伟男"呀。而用来另掘一口新井的话,不但广益乡邻,还可泽及下代。

第二天云仙备了桌薄酒,请来族中几位长者,酒过三巡她开宗明义,道出了自己愿意捐献八百两纹银另造新井的想法。听得在座者目瞪口呆,大家回过神之后,云仙接着说:"诸位长者,叔伯兄弟,我一介女流,又如此一把年纪,平时除纺纱织布外,凡外事一概不懂,至于这次掘井寻访'造井包头'购买石料,雇船搬运等诸多调排,全部交托诸位劳神了。"

文物古迹楼店古井

在场几位长者听后都抢着讲："伯婆哪里话，您老人家有此义举已属不易，如今有了银钱，其他什么事都好办了，我们分头监管便是"。

"楼店井"开工的黄道吉日是五月初八，"造井包头"知道此井是由一个纺纱织布的老阿婆捐出积蓄独造后，颇为感动，替她广为宣传。因此打石头取料的、雇船搬运抬石的，设计衬砌的都尽心尽力，也不斤斤计较。在大家共同努力下，不出半年时间便大功告成。

新造的"楼店井"深达1.5丈，井壁由6条1丈多长的石板垂直围构，崭新的井栏用棕红色的单块巨石经手工穿凿而成，整体构造牢固，井底还建有三孔泉眼，水质清亮，品尝后冰爽、甘甜。人们纷纷称赞云仙阿婆为人大度、善良，一致要求给云仙阿婆立碑，却被云仙阿婆婉言谢绝了。她语重心长地对大家讲："你们如若给我立碑，反违背了我这次捐银'造井'的初衷，这样会使我心中不好受。我信佛道，重修阴德，从不慕'浮名'。做人么，还是活得平实些好。"

虽然没有竖碑，但有一首诗却流传了下来：
阿婆掘井德可称，倾囊独造满是情。
功高夏炎水冰洁，恩深冬寒气暖升。
远慕畅饮汗热客，近惠日用众乡邻。
绝谢浮名将碑刻，高风感动赋诗吟。

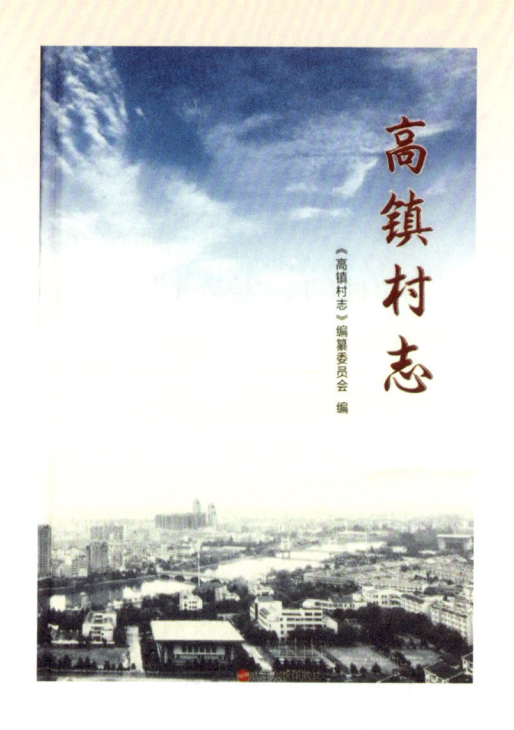

《高镇村志》

俗话说："富不过三代。"楼氏太婆早年丧夫，捐出所有积蓄，靠纺纱织布而独力建造"楼店井"，关心公益、拒绝为自己立碑的故事，令人赞叹，同时带给人们深刻的思考："我们应该留给子孙后代什么财富？"物质财富终有穷尽，但精神财富的力量可以跨越时空，远远超越物质财富的力量。我们不仅要留给子女物质财富，更要留给他们宝贵的精神财富，福荫后世。

（故事来源于金华市文广旅游局，记录人为吕七召）

村落简介

金东澧浦镇琐园村

琐园严氏宗祠

琐园村位于浙江金华东郊澧浦镇北1千米处,是拥有400多年历史的古村落,是传说中的一个"奇村"。一是由于环境风貌如同古代一把长命锁,村中又有许多菜园,于是取名为"锁园"。由于"锁"字有封闭、固守之意,而"琐"字主要指玉之声或宫之门,加之古时"锁"与"琐"可通用,为图吉利,就改为"琐园",并沿用至今。二是至今保存着许多明末清初的古建筑。2018年12月,住房和城乡建设部拟将琐园村列入"第五批中国传统村落"名录。2019年6月6日,琐园村列入"第五批中国传统村落"名录。2019年12月31日,入选"第二批国家森林乡村"名单。

永思堂的来历

【女性自尊、自爱、追求个人权利】

在琐园村,村民常把严氏宗祠叫做大祠堂,永思堂就叫小祠堂。但实际上,永思堂的古建筑并不小,共三进,每进五开间,占地面积841平方米。200多年前,当时的匠人,用彼时所能有的精细与审美,勾画着永思堂的一砖一瓦。至今走进这里,仍能看见那些栩栩如生、美轮美奂的砖雕,让人不禁感叹古人技艺的巧夺天工。

不过相比古建筑的精美,永思堂的来历更是在当年轰动一时。琐园村第六代有位太公名叫严元善,前后有三任妻子,元妻范氏,并无子嗣,因病去世后,严元善娶了继妻陈氏,生一女,后又娶了妾室徐氏,生一子名唤严秉璲(字舒泰),郑氏是严秉璲的正妻。

1795年,严秉璲英年早逝,郑氏在丈夫死后一心侍奉两个婆婆,操持家务。郑氏持家有道、训子有方,她的4个儿子也相继成才,除大儿子为贡生外,其余均为太学生。好景不长,郑氏的婆婆徐氏、陈氏于1801年、1802年相继离世,在操办后事时,一条族规让郑氏十分受触动。据严氏宗谱记载:"凡妾有子小书副室某氏、婢有子小书副室某氏,年月日生卒均降一格,其神主入祠委置旁……"这一家规意思是妾、侧、副室卒后灵位入祠不能置于祠堂正中的神柩中。因此徐氏、陈氏的灵位均需在严氏宗祠旁置。郑氏认为,此家规极不合理,有失公允。她提出,既然婆婆不能进严氏宗祠接受供奉,那么便另建家庙。1815年,家庙建成,取名永思堂。

在当时,这是不可想象的事,由此引发一场大讨论。在严承训珍藏的史料《庶母位次辩》中,尽管有些地方残缺不全,但清楚地记录了郑氏为女性权益斗争的过程。"庶出之子孙俨然上坐,视母入侍婢为其后者何以自安,传言母以子

贵、子以母贵,是子已贵而母旧贱。"在这次大讨论中,大部分严氏族人认为这一条家规不平等、不文明,更不利于一个家族的繁衍、生息和发展,于是决定废除这条家规。当时正值琐园严氏宗族第二次修宗谱,主事之人就在修谱时专门写了这篇《庶母位次辩》,以警示后人。郑氏的坚持得到了回报,两位婆婆的牌位也被接回严氏宗祠。

这是女性权益的一次自我觉醒。郑氏的这番举动不仅感动了族人,还得到时任金华知府的吴廷琛的肯定:"训子义方、节孝。"清道光《金华县志》中也有记载:"严舒泰妻郑氏,廿八岁守节,创建祠庙,训子義方,现年五十八岁,节孝。"

永思堂

马克思曾言:"社会的进步可以用女性的社会地位来精确地衡量。"郑氏为了维护女性权益,勇敢地与不平等、不文明、不合理的家规进行有力抗争,反对中国旧式封建主义对妇女的压迫,令人称赞。男女具有同等的人格和尊严,同等的权利和地位,都是人类历史的创造者和社会文明进步的推动者。坚持男女平等是和谐社会的必然要求。女人不是月亮,不靠反射男人的光辉来照亮自己,女性当自强。

(故事来源于金义新区新闻网)

村落简介

个人篇

兰溪市黄店镇余粮山村

余粮山鲍氏宗祠世德堂

兰溪市黄店镇余粮山村位于黄店镇驻地以北12.5千米处，坐落于海拔500米的半山腰，是一个典型的山区村。村始建于明代万历年间，由庐山村迁来。据余粮山《鲍氏宗谱》记载，余粮山雅称余梁山，名出《列子·汤问》，为"余音绕梁，三日不绝"之意。后因盛产坚果、柿子，常年当果吃，荒年代主粮，便改称为余粮山。据《光绪兰溪县志》记载，朴刀岗分五支，一支为余粮山，村以山名。村中世居鲍姓。余粮山村以种植业为主，尤以大红柿特色产品闻名，"余粮山"牌大红柿荣获"中国农业博览会优质农产品金奖"。

庐山廿一相

【节俭】

兰溪市黄店镇余粮山行政村庐山自然村有个诚百廿一公,学名起绪,生于清朝乾隆年间的1761年,是兰西一大富翁,远近名声显赫,但他一生艰苦朴素,吃粗饭,穿破衣,从不露富,由于他装穷作苦的相貌突出,所以人家叫他廿一相。

廿一相生性怜贫反恶,他出外取账,如欠户办较好的饭菜招待他,那么他一定要把账款取回来,如欠户排不起好吃食,那么债务可缓期归还。他认为吃食办得好是不会十分困难的,吃食办不起是真正困难了。

有一次,他到理发店去剃头,理发师见他像个乞丐,就粗枝大叶地理了一下,即告完成了,他见理发师这样怠慢人,明明是看不起穷人。据说那个时候十个铜钱剃一个头,他就从口袋里掏出一百铜钱交给理发师,那理发师心中觉得很奇怪,想不到这样的穷人会出手这么大方,后来得知这是庐山廿一相。时隔不久,廿一相又到这家理发店理发了,理发师见他是前次来过的廿一相,就恭恭敬敬、仔仔细细地给他理发,面上刮了又刮,理发师心想这次的理发工钱总要比前次加倍了,谁知廿一相只给理发师十个铜钱。理发师说:"先生前次剃头,我没有今天这样仔

余粮山村特产大红柿

细，你给我100个钱，今天剃头，我剃得要比前次好得多，你只给我10个钱。"廿一相说："前次的钱抵今天，今天的钱抵前次。"理发师听了，自觉前次太不好了。

又一次，廿一相患背痈，听说上方顶有良医，就前去投医。医生见他病情很严重，又见他衣衫褴褛，穷得很可怜，就大显本领给他治疗。到第二次复诊后，医生说："会好的，下次可不要来了，可惜这病生你穷人身上，如果生在你们庐山廿一相身上就好了。"不久，廿一相背痈痊愈了，他拿着重礼去谢医生说："实不相瞒，庐山廿一相就是我。"医生听了，自悔失言。

庐山廿一相有万贯家财，但一生艰苦朴素，从不露富，怜贫反恶的故事，获得了后人的赞誉。正如唐代李商隐所言"历览前贤国与家，成由勤俭破由奢"。静以修身、俭以养德，节约与勤勉是人类两个名医。在当今物欲横流的时代，我们的教育应给孩子的财富观绘上勤俭节约的传统底色。

【故事来源于兰溪文化部刘飞波（整理）】

村落简介

婺城秋滨镇朱基头村

原建在朱基头村的"状元及第"古建筑

　　朱基头村（现秋滨街道朱基头社区）位于浙江省金华市婺城区秋滨镇，盛产稻、茶叶、水果、蔬菜等，为金华重点产粮区。该村生产砖瓦以质优闻名，且商贸兴旺。朱基头村是武状元朱秋魁的故里，朱秋魁是乾隆执政初期始设武科后的首位武状元，后由乾隆帝赐建，为他在朱基头村建起了一座气派的状元府。

朱秋魁智夺武状元

【少年志气、勤奋智慧】

金华城外有个村子叫朱基头，清朝年间，出了一个武状元朱秋魁。

朱秋魁小时候是个结实的小胖墩，好"打抱不平"，专打会欺负人的孩子，总把人家打得头破血流或鼻青脸肿，三天两头有家长陪着被打的孩子，找朱秋魁的父母亲"告状"，弄得朱秋魁的父母不但赔出医药费，还要赔笑脸陪不是。每当此时，朱秋魁站在父亲身后，不服气地对那家长说："谁让你们不教好孩子，让他欺负别的同学，我就是不服！"

一天，又有一个家长带着被朱秋魁打得鼻子出血的孩子来到朱家，气势汹汹地指着朱秋魁父亲骂："你在衙门里当个芝麻绿豆大的官，有什么了不起的，只会生孩子不会教孩子，你的小子懂几下三脚猫功夫，只敢欺负村里的同伴，猪狗不如！有力气有本事到皇帝面前夺个武状元回来，才算真正本事！"

这几句话刚好被站在房里的朱秋魁听到了。晚上，他对母亲说："我打人是错的，今后不打了，我长大要考武状元，好不好？"

"什么？考武状元？不想想自己身上有几滴血。听说考武状元不光要比力气大，举千斤鼎，还要比窍门，骑在马上射箭，刀功、棍功要比试，还要比空手打老虎，你有胆量和本事吗？"见朱秋魁闷声不响，母亲又补一句："百样事情百样窍，只怕窍门找不到，要想窍门找到，先要功夫学到。没有铁硬的真功夫真窍门，想做状元是在被窝里做梦！"朱秋魁一声不响。从那天起，除了吃饭，白天家里再看不到朱秋魁。他每天很早跑到大黄山没人的地方练力气、练功夫、找窍门。他远远地盯着一张树叶，瞪大眼睛一眨不眨地看到两眼发痛，几个月下来，看树叶像扇子一样大了，然后拿起小树杈做的弹弓弹石子瞄准，日日不偷

懒,再也没人到他家"告状"了。

功夫不负有心人。多年坚持不懈练习,使朱秋魁的力气、箭法、刀功、棍功大有长进,长成了一个英俊魁梧的青年。金华府考试中了武秀才,省里考上武举人,到京都比武,一只手举起500斤的铜鼎,气不喘脚不抖,比刀功棍功都是冒尖,骑在马上比箭是"百步穿杨",箭箭射中靶心。

比武的最后一个项目是空手打老虎。朱秋魁大步走进大笼子里,训虎人把小笼子里的大虎放进大笼子里。比武场上四面看的人有几千,大家看到大老虎冲到朱秋魁面前,纷纷喊叫起来:"快打!""快逃!"

正在大家大喊大叫的时候,只见老虎抬起头看看朱秋魁。老虎像狗一样对朱秋魁摇摇尾巴,好像同朱秋魁是好朋友。原来朱秋魁提早三天来到京都,当天就到比武场上,刚好看见老虎在铁笼里走来走去想吃中餐,朱秋魁当即想到母亲讲的"找窍门"这句话,就到肉店买来三斤精肉,趁着训虎人不在,给老虎喂了九次,所以老虎每次看到朱秋魁就很开心。老虎正开心,朱秋魁伸出双手用出全身力气,对准老虎背"叭哒"一下,把老虎推了个四仰八叉,昂首挺胸大步跨出笼子关好笼门。四周几千观众一看,大喊:"嗬!英雄好汉金华大力士!"看台上的乾隆皇帝也跟着喊:"英雄,真英雄!"

朱秋魁空手打倒了老虎,打败了全国所有参加比武的举子,夺得了武状元,终于为朱基头村,为金华打响了名气。

朱秋魁武进士府(大夫第)

俗话说："绳锯木断，水滴石穿。"朱秋魁智夺武状元的故事，一方面反映了刻苦、坚毅、积极主动、持之以恒和思维等品质在求学和成才过程中的重要性，另一方面也充分展现了家庭"第一教育"的作用，特别是母亲的举足轻重的作用。家长是子女的第一任老师，家长的素质高低与孩子的未来发展关系密切、息息相关，必须高度重视对子女学习和人生的引导。

朱秋魁（1708—1788年），字延禧，号讷斋，浙江金华人（现金华市秋滨街道朱基头人），当过乾隆的御前头等侍卫。清乾隆四年（1739年）成为乾隆执政初期始设武科后的首位武状元。

（故事来源于婺城新闻网）

磐安安文镇东川村

东川村特产：四古奇村榧子香

东川村原隶属磐安县墨林乡，2009年并入安文镇，俗称东坑口。该村历史文化悠久，史祖自宋淳佑壬子年间由仓泉福建按察佥宪傅泾公之三太子傅太奕迁居东川，授常山县令，为东川傅氏始祖。东川村地势陡峭，但气候宜人，风景优美，森林资源丰富。东川村旅游资源丰富，境内有五公山风景旅游区，风光极美，特产丰富，是"蜂儿"香榧主产区，是中国最古老的香榧群落聚集地，名木古树占全县的十分之一。该村旅游特色村形象定位是"钱江源头，殷相后裔，四古奇村——一个遗落千年的世外桃源"。

永和桥上兄弟和

【兄弟言和、家庭和睦】

磐安县东川村的村口，有一座古老的石拱桥，桥额上"永和桥"三字，向人们讲述着一个动人的故事。

相传清光绪年间，村上有一对傅姓兄弟。阿哥是石匠，阿弟务农。傅家有一块山地，那年，父亲种下三株香榧树后不久，没有留下家产分配的遗嘱，便去世了。家中没了顶梁柱，兄弟俩便分了家，各自过着小日子。十几年后，父亲种下的株香榧树开花结果，成了摇钱树。两兄弟各自打着小算盘，你不退、我不让争了起来，决定第二天县堂上见。

一大早两人就一前一后地出门了，不料前一天夜里下的暴雨，把村后狭窄的石拱桥淹没了，两人气馁地坐在桥边等洪水退去。

哥哥把背包放在地上，在旁边看石头。弟弟没事干，就东张西望。突然看到一条长长、黑乎乎的东西在动，像蚂蟥一样越来越长，吐着长长的舌头，是一条火练蛇，慢慢变成了一只鳖，足有两斤多重。这时候，河水慢慢退去，弟弟朝蛇鳖呸了一下，转身急急地上了路。

赶路肚饥，刚好半路上有个凉亭，弟弟于是拿出身边的玉米饼，坐在石凳上吃了起来。

哥哥背着钱袋，打算找一个衙里当差的帮忙贿赂县官老爷。只见他赤着上身，脱下的衣裳好像裹着什么东西，紧紧地夹在胳腋下。到了凉亭里他坐了下来，顺手把衣包往地上一放。想不到衣包散开，里面钻出一件黑不溜秋的活物来。弟弟一看，原来钻出来的是那只蛇鳖！哥哥一看凭空得了一个大鳖高兴不已，伸手把这宝贝揽在怀里。

弟弟想起前几年邻村有个人被火练蛇咬了一口，不到一个时辰，就命丧黄泉。于是着急大喊："它不是鳖！我亲眼看见是火练蛇变的。别碰别碰！"

247

哥哥看弟弟满脸焦急相，没有一点坏意，便有些犹豫不决。阿弟急红着脸，一把打落哥哥拿着的大鳖，一脚踢出去。只见受惊的蛇鳖慢慢变长，足有三尺，蛇舌狂吐，喷出的蛇毒溅到草上，青草全被烧焦。哥哥吓得脸色铁青，惊魂未定的兄弟俩跑回桥边才稍稍平静。

哥哥泪流满面，又悔又恨，对弟弟说："官司别打了，香榧树全归你，我们把蛇打死一起回去吧。"哥哥的谦让，让弟弟感到不好意思，客气不能当福气，哥哥儿女多负担重，自己怎能一个人独吞呢？自己年轻气盛，也有许多不对。

弟弟红着脸说："香榧树还是共有吧，每年的收益，给两家孩子作书金。"看到弟弟对自己的情谊，哥哥泪流满面说："官司不打了，我们回家吧。"

兄弟俩一前一后回家了。石拱桥见证了两人握手言和的经过，

永和桥

后来哥哥感慨地在桥墩上刻下"永和桥"三字，意寓着"兄弟和睦，乡邻和气，社稷和谐，万事和为贵"。

傅姓兄弟不打官的故事，逐渐传扬开来。以后凡是心里有疙瘩的人，经过永和桥，想起兄弟和解的事，走走永和桥，多大的怨气都放下了。

三国时期诗人曹植的《七步诗》有一名句"本是同根生，相煎何太急"，用以劝诫人们避免兄弟阋墙、自相残杀。永和桥上兄弟二人握手言和的故事，诉说着兄弟情的曲折与美好。俗话说得好："打虎不离亲兄弟。"在危难时刻，表面称兄道弟的人并不一定可靠，患难与共的还是亲兄弟，同气连枝、血肉相亲才能一心一意干成事情。珍惜血浓于水的兄弟亲情，而远离后悔和贪婪。

永和桥位于磐安县东川村下得溪下游约2千米处,在清代(光绪末年)因东川村"黄岷山"与"桥头"二户村民不和,特建此桥以求村内永远和睦,因此命名"永和桥"。

(故事来源于搜狐网"民间故事永和桥",作者为徐志光,中国民间文艺家协会会员)

村落简介

金东区傅村镇

傅村镇镇政府所在地

傅村镇位于金东区东北，距金华市区30千米，与义乌交界，距义乌小商品市场20千米。傅村镇东北与义乌上溪镇毗邻，西与源东乡相交，南与孝顺镇接壤，镇域总面积35.34平方千米（2017年），辖35个行政村，40个自然村，全镇总人口59148人（2017年），有耕地20522亩。傅村镇交通便利，03省道、杭金衢高速公路、甬金高速公路穿镇而过，并设有杭金衢高速公路服务区及甬金高速互通口。傅村古镇山清水秀，人杰地灵，在中国文化史上孕育出明初文臣之首宋濂、现代诗坛泰斗艾青两位杰出人物。因地处金三角开发区内，镇上中小企业众多，是金华市金东区的工业强镇。近年，在"立足园区，接轨义乌，扶优扶强、开发带动建设金三角工业城"的思路下积极发展工业，全镇支柱产业有服装、针织、食品、电器、五金、包装、印刷、饮料加工等一条龙工业体系。傅村镇作为金东区的东大门，始终站在经济发展的最前沿。

智勇双全杨民经

【智勇双全、舍身忘死】

抗日期间，义乌、金华等地被日军侵占，沦陷区的人民生活在水深火热之中。中共金义浦县委武工队长杨民经，在金华东、义乌西、浦江东一带组织当地群众抗日。从此金义浦就活跃着一支抗日武装，日寇和敌伪组织闻风丧胆，神出鬼没的武工队长杨民经是一位传奇人物。

一、孤身入虎穴，杀中统特务曹景泰

洞进村位于源东革命老区，是通往浦东的门户。中统特务曾景泰是洞进村人，占地为王，经营石灰灶，并与土匪邢小显勾结，身边有保镖和邢小显的一个分队，对我党开展工作极为不利。杨民经带领的作战小组曾多次研究，如何拔掉这个钉子，根据自身多年的敌后作战经验，他认为，敌人在明处，不宜大行动，避免受损失，故决定单身入虎穴完成任务。

杨民经身着土布所制的粗衣，头戴草帽，手挽竹篮，上铺满中草药，下藏手枪，带亲弟杨加兴和篱勇林二人，化为买石灰的农民，大摇大摆前往洞进村。路过尖岭脚，遇到土匪流动岗哨盘问，他说："先生病了，这是民间良方（中草药），去看望一下先生，抱歉！"然后大喝随行的两人："听什么！还不快跟上。"放行进村后，杨民经看到曹景泰手捧水烟筒，正往石灰灶走去，杨民经眼快手捷，立刻从篮底下取出手枪，打中曹景泰的脑袋。保镖听到枪声赶来，篱勇林又一枪，保镖也随即倒下。枪声使得石灰灶上乱成一锅，也惊动了邢小显土匪小分队，敌人准备出击时，杨民经灵机一动，哨子一吹，大喊："一中队往北，二中队往南，包抄。"众土匪听了吓破胆，抱头鼠窜。杨民经顺利撤出，漂亮地完成枪杀曹景泰的任务。

二、智会汉奸维持会长李龙泉

汉奸李龙泉，是义乌王阡村的地痞流氓头子，是无恶不作的恶霸。日军占领义乌后，他更是投靠日军当上义亭维持会长，成了汉奸。1943年秋，驻义亭据点日军为了瓦解金义浦抗日根据地，破坏与阻止抗日根据地军民的抗日活动，打算在义亭到黄山一线修筑一条公路，在义西抗日根据地中心插上一刀。而日伪维持会长、汉奸李龙泉积极为日军修筑义（亭）黄（山）公路卖力。这条公路的修建，将对游击区造成巨大威胁，为此我方想阻止日军的计划。第八大队领导认为"打蛇要打三寸，擒贼先擒王"，要粉碎日军的筑路计划，首先要除掉积极为修路卖命的李龙泉。为此，第八大队李一群大队长找突击队长杨民经商量，并要杨民经队长设法摸清敌人数量、参加筑路的兵力、李龙泉活动规律和居住地情况。在情报员鲍仕贵等同志的协助下，了解到李龙泉住所的围墙有一丈高，门是用园木做的，很是坚固，离义亭火车站的日军炮楼与日军驻地陈家村很近，如对其强攻，很快就有日军支援，很难取胜，只能智取，才能除掉李龙泉。于是，李大队长要杨民经带几人化妆进入义亭，一定将李龙泉活捉。

那天天气晴朗，杨民经带着金锡纪、周权华两人，一个挑着一旦荞麦，在箩筐下藏了一把匕首，一个手拎剃头箱。周权华认识李龙泉，负责向杨民经传送信息。因义亭镇有很多人认识杨民经，所以他化了妆，头戴义乌大毡帽，右脸贴了个狗屁膏药，嘴的左边塞进一个棉团，显得脸肿，不时流出口水。手拎一个篮子，里面用石头压了一张治牙痛的药方，像是去镇上抓药的农民。在他的左腋用绳栓了支小手枪。当他们走到义亭镇敌人岗哨时，敌人用铁棒在金锡纪的箩筐里捅了几下，没有发现什么就让他过去了，敌兵见到杨民经满嘴流口水，催促说："快去，快去"。这样，杨民经等三人进了义亭镇。

杨民经等三人，在一个卖牛血的摊上坐下，边吃牛血边等敌人的动静，一小时后，20多个日军从维持会出来，走向陈家村，后面有个穿长衫的汉奸就是李龙泉。他送走日军后，正准备回维持会时，杨民经扯掉面上的膏药，吐了嘴里的棉花，拿着小手枪，往李龙泉身边一碰。李龙泉问杨民经："干什么的？"杨说："我是你表哥呀！""表哥？"李龙泉懵了。这时，杨民经轻轻地对李龙泉说："我叫杨民经，同我去一趟，只要你为第八大队办事是不会有事的，在岗哨那里……"到了岗哨前，杨民经与李龙泉手牵手，嘴里在说表弟长表弟短的，家常拉得很亲似的，哨兵见到李龙泉举手敬礼，李也点点头。这样，杨民经等三人就把李龙泉抓出镇外，在离义亭几里路时，李队长带队前来接应。李队长对李龙泉进行教育，要他悔过自新，立功赎罪。见他有悔改之意，就给他规定了三条：一要停止造主亭到里壁山的公路；二不能暗中伤害游击队的工作人员；三不到金、义、浦等八大队驻地派粮派款。李龙泉表示照办后，便放他回去。事后，他都做到，日军的筑路计划也告吹，第八大队的反筑路斗争取得胜利。

抗战岁月中，全国各地走出了很多革命勇士、将士。在战争年代，他们英勇奋战、为国捐躯。现在生活安定和谐的我们，要常常反思并缅怀这些革命家，追寻红色记忆，铭记党的奋斗历史，传承革命精神。

"天下兴亡，匹夫有责"，国家的利益与每个公民的利益密切相关，每个人都应该承担起对国家的责任和义务，关心祖国的未来。现在的幸福生活是无数先辈用鲜血和生命换来的，我们应该珍惜先人的劳动成果，维护祖国长期的利益和发展。

（故事来源于浙江网、《一心文稿》资料整理）

后记

《金华故事——乡村思政》从创意到付梓完工，历经多年，几经曲折和坎坷，今日终能圆满划个句号。在该书编写过程中，我们进一步感受到了中国文化的深沉与厚重。中国的传统文化以农耕文明为基础，故而中国文化的根就在乡村。在漫长的历史长河中，中国人民摸索出一套人与自然、人与人之间的生存规律与准则，从而形成了自己独特的文化。近三十年来，随着市场化和现代化的进一步引入和深化，西方文化中的糟粕思想也随之渗入和侵袭，中国优秀的传统文化和道德受到了从未有之的挑战和威胁。如何保护中国优秀传统文化，做好中国优秀文化之传承？这是我们每个中国人都应面对和思考的问题。

社会主义核心价值观的提出，很好地诠释了这一问题。立足于中国文化土壤，立足于中国历史，从历史的高度提炼出了这一价值观。"文化是一个国家、一个民族的灵魂。文化兴国运兴，文化强民族强"（习近平）。《金华故事——乡村思政》的编撰正是对社会主义核心价值观的最具体、最务实的诠释，我们基于"国家好，社会好，个人才能好"的思路对当前社会主义核心价值观做了真实的注解，只有在党中央的坚强领导下，上下齐心，各个群体共同努力才能创造和实现国富民强之伟大梦想。

该书的完成，首先感谢各位前辈的支持，感谢那些对金华历史有着热忱情怀的各界人士，如古村落文化研究会朱先生及企业界微享家商务公司胡先生的热心支持与帮助！

在写作过程中，我们也得到了各县、市、镇文化站的帮助，他们提供本地的原始资料，有的直接供稿。在走访和调研过程中，我们受到了各个古村落人们的热情接待，他们都无私地给我们讲述当地的人文，有的甚至直接提供家族资

料。例如，婺州南孔后人基于对传统文化的保护和传承的责任感，慷慨地提供家存资料，这一切都使我们深切地感受到了人们对中国传统文化的热爱，并以传承中国传统文化为己任之情怀。

其次，感谢在编撰过程中提供帮助的各位文化同仁，感谢你们对中国文化、金华地方文化的热爱和支持！

最后，感谢上海财经大学浙江学院资助出版，感谢出版社各位编辑的辛苦付出，使得该书能顺利出版。

中国文化需要一代代的传承和守护，愿热爱中国文化的我们共同来守护这片热土，并在这片热土上继续谱写新的故事与篇章！

编委会

2021.10.20